LE BONHOMME JOB

COMÉDIE-VAUDEVILLE EN TROIS ACTES,

PAR M. ÉMILE SOUVESTRE,

Représenté pour la première fois, à Paris, sur le théâtre du Vaudeville, le 15 novembre 1846.

DISTRIBUTION DE LA PIÈCE.

Personnages.	Acteurs.
ARTHUR DE LUXEUIL..	MM. MONTALAND.
GEORGES DE RESTOUL..	MUNIÉ.
LE BONHOMME JOB..	BARDOU.
GODURON, meunier...	LECLÈRE.
MATHURIN PASTOUREAU, berger....................................	TESTARD.
LE PRINCE KOURAKAF, Caucasien..................................	BACHE.
Mme LA MARQUISE DE LUXEUIL, mère d'Arthur......................	Mmes GUILLEMIN.
HONORINE DE SANNOIS, sa nièce..................................	FIGEAC.
PIERRETTE NOIROU, servante au château..........................	DOCHE.
Mlle MAXIME DE FRANCASTEL, chanoinesse, cousine de la marquise.	THÉNARD.
ROSE, paysanne...	SANXAI.

PAYSANS ET PAYSANNES, DAMES ET CAVALIERS.

La scène se passe près de Juvigny, département de l'Orne; d'abord au moulin de Goduron, puis au château de Luxeuil, et enfin dans la bergerie habitée par Mathurin Pastoureau.

ACTE PREMIER.

Le théâtre représente l'intérieur d'un moulin. — Au fond, à gauche, on voit la roue du moulin qui tourne en dehors. — A droite, un escalier qui monte à un grenier servant de chambre pour les garçons du moulin. — A droite et à gauche des sacs empilés. — A gauche, une petite table.

SCÈNE I.

PASTOUREAU, GODURON, GEORGES, ROSE, PAYSANS, PAYSANNES.

(Au moment où le rideau se lève, des paysans et des paysannes s'occupent à emporter des sacs; Georges, placé à droite, vers le fond, cause avec Rose et la lutine; Pastoureau est à gauche; Goduron au milieu.)

CHOEUR.

AIR de tic tac. (Marie.)

A v'nir bien vite
Tout nous invite
Chez le meunier,
Pour s'égayer.

NOTA. — Les indications de droite et de gauche sont prises de la salle; les personnages sont inscrits en tête de chaque scène dans l'ordre qu'ils occupent; le premier inscrit tient la première place à gauche.

Près des jeun' filles,
Les plus gentilles,
J'entends l' moulin
Qui moud not' grain;
C' bruit à l'ouvrage
Nous encourage.
Tic, tic, tic, tac, etc.

GODURON, aux paysans, à droite.

Allons, emportez chacun votre mouture, les gars.

PASTOUREAU.

Oui; mais dites donc, père Goduron, moi je peux pas emporter sur mes épaules tout le son qu'y a là pour mes moutons... j'croyais que vous auriez pu me prêter Grison.

GODURON.

Puisque je te dis qu'il a disparu depuis trois

jours, et impossible de lui remettre la main au collet.

PASTOUREAU.
Tiens! c'est pourtant pas difficile à retrouver un âne.

GEORGES.
Qu'est-ce qui te fait croire ça, à toi?... Tu as donc été perdu autrefois?

PASTOUREAU, blessé.
Par exemple! est-ce que je suis de la même nation que Grison, par hasard?... J'aime pas ces plaisanteries-là, père Goduron, et au lieur de dire comme ça des choses incohérentes, vous devriez plutôt veiller à vos garçons qui ne font rien... Voyez plutôt Georges.

GEORGES, lutinant Rose et l'embrassant.
Tu vois bien que je fais quelque chose... j'embrasse Rose...

GODURON.
Oui, mais le moulin, tu t'en occupes pas.

GEORGES.
Ah! ça, maître Goduron, c'est par dévoûment.

GODURON.
Comment?... c'est par dévoûment que tu ne fais rien?...

GEORGES.
Certainement, j'ai touché qu'une seule fois à la machine et j'ai pensé tout détraquer.

GODURON, regardant Pastoureau en riant.
C'est pourtant vrai!...

PASTOUREAU.
Mais pourquoi alors qu'il se donne pour garçon meunier... à quoi qu'il sert ici?...

GODURON.
Laisse donc, mon pauvre Pastoureau, tu ne sais pas ce qu'il faut pour faire aller un moulin.

PASTOUREAU.
Pour faire aller un moulin?... *parbleur!*... il faut... de l'eau.

GODURON.
Du tout.

PASTOUREAU.
Ou bien du vent!...

GODURON.
Pas davantage.

PASTOUREAU.
Comment!... et avec quoi donc que vous le faites aller, vous?...

GODURON.
Avec de l'amabilité...

PASTOUREAU.
Plaît-il?...

GODURON, montrant Georges.
C'est là sa spécialité; et la preuve qu'il me sert à quelque chose, c'est qu'il n'y a jamais eu tant de pratiques que depuis son arrivée à Juvigny.

GEORGES.
Ah! ça, c'est la vérité.

PASTOUREAU, ironiquement.
Ah ben, bon! ah ben, fameux!... j'aurais aussi moi qu'à être aimable avec mes moutons au lieu de les soigner.

ROSE.*
Vous Pastoureau! taisez-vous donc! vous pourriez pas... A la bonne heure M. Georges, qui a toujours quéq' chose d'agréable à vous dire... et qui sait toutes les nouvelles chansons... On vient au moulin rien que pour l'entendre...

PASTOUREAU.
C'est ça, vous lui faites toutes la cour, parce qu'y chante comme une orgue de Barbarie et qu'y danse comme une marionnette...

ROSE.
Oh! la danse!... en sait-y une qu'est agréable... Comment donc que vous l'appelez monsieur Georges... c'est un nom anglais?**

GEORGES.
La Cracovienne.

ROSE.
Juste. (Elle indique une passe de la Cracovienne.) Oh! c'est-y gentil.

GODURON.
Oh! oui, c'est la danse qu'il a apprise à la petite Pierrette, ma filleule. (A Pastoureau.) Ça t'a même fait enrager, toi.

GEORGES.
Je crois bien, il est si jaloux.

PASTOUREAU.
Et bien! quand ça serait... j'ai peut-être pas mes raisons?... avec la filleule du père Goduron surtout.

GODURON.
Qu'est-ce que tu as à lui reprocher?

PASTOUREAU.
Ce que j'ai à lui reprocher?... Elle a toujours été coquette, votre filleule, c'est une justice à lui rendre; mais depuis qu'elle est entrée en service au château, où qu'elle reçoit des leçons des grandes dames, c'est à faire frémir. Il y a d'abord le fils de Mme la marquise qui lui fait la cour...

GODURON.
M. Arthur?... laisse donc.

PASTOUREAU.
Puisque je l'ai vu... Pas plus tard qu'avant z'hier, je l'ai vu l'embrasser.

GEORGES, qui cause avec Rose, un peu au fond.
Eh bien! après; je l'embrasse bien aussi, moi, la petite Pierrette.

PASTOUREAU.
Vous l'entendez, père Goduron?

AIR du baiser au porteur.

Y en a pour chacun à la ronde;
Comment que j' s'rais pas courroucé?
Pierrette embrasse tout le monde,
Sauf moi seul, qu'est son fiancé;
Car enfin j' suis son fiancé!

* Pastoureau, Rose, Goduron, Georges.
** Pastoureau, Goduron, Rose, Georges.

GODURON.
Pourquoi t'plaindr' de cet' différence ?
Puisque tu dois êtr' son conjoint,
T'avais droit à que'q' préférence...
Et c'est pour ça qu'el' t'embrass' point.

PASTOUREAU.
C'est bon... Vous riez toujours !... Mais vous verrez que ça finira mal pour Mlle Pierrette.

GODURON.
Laisse donc... J'ai parlé encore ce matin à Mme de Luxeuil ; elle est très contente de ma filleule... et Mlle Honorine aussi.

GEORGES, quittant Rose et venant vivement à Goduron. *
Ah ! vous avez vu Mlle Honorine, aujourd'hui ?

GODURON.
Oui ; elle allait au devant d'une cousine de Mme la marquise, qui arrive de Paris... Mlle Maxime de Francastel.

PASTOUREAU.
Ah! je sais, c'est la femme d'un chanoine.

GEORGES.
Comment, la femme d'un chanoine ?

PASTOUREAU.
Oui, monsieur Georges, oui ; et la preuve, c'est qu'on l'appelle toujours Mme la chanoinesse.

TOUS, riant.
Oh! oh! oh !

GEORGES.
Ce pauvre Pastoureau !

PASTOUREAU.
Quoi !... qu'est-ce qu'y a donc de risible ?...

GODURON.
Mais, imbécile ! être chanoinesse, c'est une position sociale.

PASTOUREAU.
Ah bah !... (Avec mauvaise humeur.) Eh bien ! est-ce que je savais, moi ?

ROSE, riant.
Au fait, il sait rien, ce pauvre Pastoureau ! Mais v'là mon cheval chargé... faut que je parte... Adieu, père Goduron.

GODURON.
Adieu, petite.

ROSE, à Georges.
Au revoir, monsieur Georges.

GEORGES, la reconduisant.
Au revoir, ma jolie Rose.
(Rose sort par la gauche.) **

PASTOUREAU, à part.
Y a qu'à moi qu'elle ne dit rien... C'est y malhonnête !...

GODURON, qui est allé vers les sacs posés à droite.
Voyons... faut pourtant que ces sacs soient portés... Dis donc, Pastoureau, tu vas t'en retourner à la bergerie, n'est-ce pas ?

PASTOUREAU, avec humeur.
C'est-à-dire que vous me renvoyez ?

GODURON.
Alors, puisque tu passeras devant chez le père Bidort, faut que tu lui apportes ça de ma part.

PASTOUREAU.
Une poche de mouture ?...

GODURON.
Ça te distraira en chemin.

PASTOUREAU.
Du tout, ça m'éreintera !... Parce que vous avez perdu Grison, vous voulez que je le remplace ?... Mais il ne m'a jamais rendu de service, votre âne ; je ne lui dois rien... C'est ni mon parent, ni mon ami !... Qu'y fasse son ouvrage lui-même... chacun pour soi...

GODURON.
Égoïste !...

PASTOUREAU, qui est allé vers le fond.
C'est possible... mais je m'en vas... Tiens ! qui es'-ce qui vient donc là ?... C'est le bonhomme Job.

GEORGES.
Ah ! ce vieux mendiant de la Ferté-Macé ?

PASTOUREAU.
Mendiant !... Ah ben ! s'y vous entendait... lui qu'est fier comme un marguillier...

GODURON.
C'est vrai qu'il ne demande jamais rien... Seulement il aime à vaguer comme ça par le chemin, et chacun le reçoit par amitié.

GEORGES.
Il est du pays ?

GODURON.
Non, mais v'là ben vingt ans qu'y demeure par ici... et y connaît toutes les paroisses à plus de dix lieues à la ronde...

PASTOUREAU.
Ah ! oui, c'est un vieux malin... et qui ne se gêne avec personne... Il nous appelle tous ses cousins...

GEORGES.
En effet, je me rappelle...

SCÈNE II.

LES MÊMES, JOB *, entrant par le fond.

JOB, à la cantonade.
Holà ! Grison !... là, mon vieux !...

GODURON.
Comment, Grison! Est-ce qu'il m'amène mon âne ?

GEORGES, regardant au dehors.
Eh oui ! le voilà...

JOB.
Bonjour, mes cousins ! bonjour !...

GODURON, allant à la porte.
Est-ce possible ! Grison est avec vous, père Job ?

JOB.
Comme tu vois, mon petit...

---

* Pastoureau, Georges, Goduron, Rose.
** Georges, Pastoureau, Goduron.

* Georges, Pastoureau, Job, Goduron.

GODURON.
Et d'où vient-il ?...

JOB.
D'où ?... Parbleu ! il vient comme moi d'Alençon ; il me tient compagnie depuis trois jours.

GEORGES.
Où donc l'avez-vous trouvé ?

JOB.
Mais ici... à la porte du moulin.

GODURON.
Hein ?...

JOB.
Certainement ; je passais là avant-hier pour aller à la ville ; il était déjà tard, et j'étais fatigué, quand j'ai vu à la porte Grison, chargé de farine. Je me suis dit : « C'est pas juste que la monture soit à cheval, tandis qu'un chrétien marche à pied. » Alors, j'ai descendu les sacs gentiment, je me suis mis à leur place, et j'ai pris la route d'Alençon.

GODURON.
Par exemple !...

GEORGES, riant.
C'est charmant !

PASTOUREAU.
Eh ben ! en v'là un pas gêné !...

GODURON.
C'est aussi trop fort de café, père Job!... M'emmener mon âne sans me demander...

JOB.
Est-ce que tu l'aurais refusé à ton cousin ?... Voyons... Ça lui a été utile, d'ailleurs, à cet animal... Il est jeune, ça l'a fait voyager... et les voyages forment la jeunesse.

GODURON, fâché.
Ah ! y s'agit pas de plaisanter... J'entends pas qu'on me prenne ce qui m'appartient, comme ça, entendez-vous... ou bien je me plaindrai à l'autorité !

JOB.
Allons, allons, cousin, ne nous fâchons pas !...

GODURON.
Je veux me fâcher, moi !... Quand je pense que ça a tout arrêté ici... que j'ai encore là les sacs de mouture d'avant-z-hier.

JOB, s'approchant de Goduron.
Eh ben... c'est pas un grand malheur.

GODUROU, très haut.
Comment ! c'est pas un grand malheur ; mais quand je vous dis...

JOB, bas.
Ça t'aura permis d'y mettre un peu plus de son...

GODURON.
Plaît-il !...

JOB, plus haut.
A la place de la farine... comme tu fais tous les soirs...

GODURON.
Chut ! donc... père Job...

PASTOUREAU, s'approchant.
Qu'est-ce que c'est ?...

GODURON, vivement.
Rien... rien...

JOB.
Non, c'est une raison que je donnais au cousin, pour prouver que ça avait pas pu lui faire tort... Et il a compris... Pas vrai que tu as compris ?...

GODURON, à part.
Ce vieux grigou-là sait tout !...

PASTOUREAU.
Au fait, possible que l'absence de Grison ait pas fait tort au père Goduron... mais ça en a fait à ses pratiques... Moi, par exemple !... on m'a rien apporté pour la bergerie...

JOB.
Pourquoi ?...

PASTOUREAU.
Pourquoi ?... mais parce qu'y avait plus de bête au moulin.

JOB.
Y avait plus de bête !... C'est donc pour ça que tu es venu ?...

PASTOUREAU.
Moi !... (Blessé.) Ah ! bonhomme Job... c'est pas poli ce que vous dites là... (A Georges.) Y s'en aperçoit pas, parce qu'y n'a point reçu d'éducation... mais il dit des choses qui ne sont pas polies du tout.

GEORGES, riant.*
Je vois, en effet, que le cousin a son franc-parler avec la famille... Et pourrait-on lui demander quelle affaire importante l'appelait à Alençon ?...

JOB.
Tiens, pourquoi qu'on ne pourrait pas ?... On est libre de demander... comme moi je suis libre de pas répondre.

GEORGES.
Ah ! le père Job a donc des secrets ?...

JOB.
Mon Dieu, oui ! chacun en a toujours comme ça queq' petit. (Baissant la voix.) Ce matin, par exemple, je suis passé, en revenant d'Alençon, chez votre ancien patron...

GEORGES.
Comment ! mon ancien patron !...

JOB.
Vous savez bien, le meunier de Carrouges, chez qui vous avez appris votre métier... censé...

---

* Goduron à la table à gauche, prenant des notes sur son livre de compte ; Pastoureau près de lui, Georges, Job.

GEORGES, embarrassé et regardant autour de lui.
Ah! oui... je connais...

JOB.
Eh ben! v'là la différence... lui, il ne vous connaît pas...

GEORGES, inquiet.
Que dites-vous?...

JOB.
Et y prétend qu'il a jamais eu de garçon qui s'appelait Georges...

GEORGES, effrayé.
Plus bas... je vous en prie... plus bas...

JOB.
Je veux bien... mais c'est pour vous prouver que chacun a comme ça ses petites affaires qu'il veut garder pour lui.

GEORGES, à part.
Cet homme saurait-il la vérité?

PASTOUREAU, qui causait avec Goduron, se rapprochant.
Et où est-ce que vous allez comme ça ce soir, bonhomme Job?*

JOB.
Moi, mon gars, je vas au château pour voir la demoiselle.

GEORGES, vivement.
Vous la connaissez donc?

GODURON.
S'y connaît mamselle de Saunois... c'est sa protégée..

JOB.
C'est-à-dire c'est moi qui suis le sien!... Elle me câline, elle me dorlotte...

PASTOUREAU.
Tiens, vous le méritez bien... après ce que vous avez fait pour elle.

GEORGES.
Le père Job a rendu quelque service à Mlle Honorine?...

PASTOUREAU.
Il l'a empêchée de se noyer, rien que ça!

GEORGES.
Est-ce vrai?...

GODURON.
Certainement... Un jour que Mlle Honorine voulait traverser l'étang avec M. Arthur, son cousin... elle avait à peine dix ans... le bateau a penché tout d'un coup... et vlan! elle a fait un plongeon... (Job tressaille.)

GEORGES, à Job vivement.
Et vous étiez là?..

JOB, avec émotion.
Tout près... J'avais entendu les cris de M. Arthur... En accourant, j'aperçois de loin une robe blanche qui flottait sur l'eau, puis qui s'enfonce... Je me précipite dans l'étang, je plonge, je cherche, je ne trouve rien... Comprenez-vous?...

* Georges, Pastoureau, Job, Goduron.

Trois fois... rien... Enfin, à la quatrième .. je saisis queq' chose que je ramène sur l'eau... C'était elle... c'était l'enfant... elle était vivante!... bien vivante!... Je l'avais sauvée!...

GEORGES, vivement.
Vous étiez donc bien heureux?*

JOB, vivement.
Moi!...

GEORGES, lui saisissant le bras.
Vous!...

JOB, se maîtrisant.
Dame! vous comprenez bien, cousin, que ça fait toujours plaisir de sauver une créature du bon Dieu! Du reste, la demoiselle s'est rappelé la chose, et voilà pourquoi elle m'a gardé sa protection...

GEORGES, lui prenant vivement la main.
Ah! vous avez aussi la mienne, bonhomme Job!...

JOB.
Eh bien! c'est pas de refus!... Les petits présens entretiennent l'amitié.

GEORGES.
Vous êtes un brave homme.

JOB.
Parce que je sais nager, pas vrai?

SCÈNE III.

LES MÊMES, PIERRETTE, entrant par le fond.**

PIERRETTE.
Bonjour, la compagnie...

PASTOUREAU.
Ah! Pierrette!...

GODURON.
Tiens, c'est ma filleule...

PIERRETTE.
Vous êtes bien mon parrain... (Elle embrasse Goduron.) Salut, bonhomme Job... Votre servante, monsieur Georges.

PASTOUREAU, s'approchant.
Eh bien! et moi?...

PIERRETTE, lui tournant le dos.
Ah! bonsoir, Pastoureau.

PASTOUREAU, à part.
Comment, bonsoir?.. Elle veut donc m'envoyer coucher.

GODURON.
Par quel hasard es-tu ici?

PIERRETTE.
Vous ne savez donc pas? Il y a une fête demain chez ma tante, à l'Oseraie, et Mme la marquise m'a permis d'y aller.

GODURON.
Alors tu viens chercher tes chiffons, je parie?

PIERRETTE.
Oui... et puis pour vous emprunter Grison.

* Pastoureau, Georges, Job, Goduron.
** Georges, Pastoureau un peu au fond, Pierrette, Goduron.

GODURON.
Ah! diable! c'est que j'en ai besoin!
PIERRETTE.
Je vous le renverrai demain, mon parrain... bien sûr...
GODURON.
Non, non, c'est impossible.
PIERRETTE, le câlinant.
Oh! vous n'en ferez rien ce soir... et vous ne pouvez pas me refuser ça... mon bon petit parrain... C'est convenu, n'est-ce pas?... (Mouvement de Goduron. — Elle l'embrasse et dit vivement:) Vous consentez... Merci!... merci...
GODURON, riant.
Est-elle enjôleuse! est-elle cajoleuse!
PASTOUREAU.
Ah! oui, qu'elle l'est!
GODURON.
Je vas te préparer la bête alors... mais tu me la renverras!
PIERRETTE.
Soyez tranquille.
(Goduron rentre à droite. — Le bonhomme Job est allé, après l'entrée de Pierrette, s'asseoir auprès de l'escalier du fond, sur un sac de mouture; il a retiré la gibecière qu'il porte en bandoulière, et y a pris du pain noir et des oignons qu'il mange silencieusement, tout en observant ce qui se passe entre les autres personnages.)
GEORGES, à Pierrette. *
Et vous serez long-temps absente, mam'selle Pierrette?
PIERRETTE.
Trois jours... Ah! si j'avais pas promis, j'aurais bien mieux aimé rester. Il y a un bal ce soir au château pour l'arrivée de Mlle de Francastel... ce sera superbe.
PASTOUREAU.
C'est ça... vous regrettez de ne pas y être pour faire des coquetteries à M. Arthur et à ses amis...
PIERRETTE.
Ah! Pastoureau, vous allez encore m'ennuyer.
GEORGES.
Le fait est que toutes les fois qu'il commence à parler, on voudrait le voir changer de conversation...
PASTOUREAU.
C'est bon... mais j'y vois clair... pas moins... Elle espère rendre un de ces beaux messieurs assez amoureux pour la demander en mariage...
PIERRETTE.
Moi?...
PASTOUREAU.
J'en suis sûr... Depuis ce baron qui a épousé, il y a deux ans, la bergère de Passais, elles se figurent toutes qu'elles auront la même chance...

* Pastoureau, Pierrette, Georges, Job.

GEORGES.
Pourquoi pas? Mlle Pierrette est assez jolie pour ça.
PASTOUREAU, ironiquement.
Oh! certainement! Qui sait même si c'est pas déjà en train...
PIERRETTE.
Comment?
PASTOUREAU.
C'est peut-être un baron, cet amoureux qui se cache.
PIERRETTE.
Quoi? vous savez?...
PASTOUREAU.
Oui, que je sais; le régisseur m'a tout dit...
GEORGES.
Et qu'a-t-il pu te dire, le régisseur?
PASTOUREAU.
Qu'y avait un galant invisible qui entrait tous les soirs dans le parc par dessus les murs, et qui venait porter un bouquet sur les fenêtres du petit pavillon.
GEORGES, vivement.
Où loge Mlle Honorine!...
PIERRETTE.
C'est-à-dire où elle logeait; mais depuis huit jours j'ai pris sa place.
GEORGES, tressaillant.
Vous!...
PASTOUREAU.
Et c'est justement le lendemain du changement qu'on a commencé à porter des bouquets.
GEORGES, à part.
Ah! mon Dieu!
JOB, qui l'observe, à part.
Qu'est-ce qu'il a donc?...
PIERRETTE.
Eh bien, est-ce que c'est de ma faute à moi... puisqu'il m'aime cet inconnu... puisque j'ai brisé son cœur... comme y dit dans ses vers.
PASTOUREAU.
Comment des vers?... C'est un vitrier?...
PIERRETTE.
Eh non! imbécile!

AIR de Calpigi.

Les vers, ça ressembl' à la poésie;
C'est comm' une langue choisie,
Qui n' peut traduir' le sentiment
Qu'avec des phras' qui vont rimant!
Eh oui, nigaud, qui vont rimant!
C'est enfin c'qu'on éprouv' dans l'âme,
Écrit en paroles de flamme.

PASTOUREAU, vivement.
J' comprends!... comm' quand j' dis en chantant:
Ah! ah! oui vraiment,
Cadet Roussel est bon enfant! (Bis.)

GEORGES, à Pierrette.
Et dites-moi... ces vers.. vous les avez lus?...

ACTE I, SCÈNE IV.

PIERRETTE.
Moi ?... Oh! non... c'est trop difficile; j'ai jamais pu lire les vers.

PASTOUREAU.
Elle peut même pas lire la prose...

PIERRETTE.
Mais je les ai donnés à M¹¹ᵉ Honorine, qui a dit que c'était très beau.

GEORGES, vivement.
En vérité !...

PIERRETTE.
Elle m'a même répété le commencement ; mais j'ai pas bien compris ; je me souviens seulement qu'il m'appelle *ange aux yeux bleus*...

PASTOUREAU.
Tiens! tu les as noirs.

PIERRETTE.
Ça ne fait rien ; en vers, on peut changer les couleurs.

PASTOUREAU.
Oui ?... Et ben, je lui en montrerai moi aussi, des couleurs, à votre galant. Monsieur le régisseur veut savoir qui est-ce qui s'introduit comme ça dans le parc, et j'ai promis que la nuit prochaine j'lui amènerai Rustant.

PIERRETTE.
Votre gros chien ?...

PASTOUREAU.
Juste ! nous le mettrons sous la fenêtre, et si l'amoureux vient, Rustant soupera avec ses mollets.

GEORGES, tressaillant.
Hein ?...

PIERRETTE.
Par exemple !... mais c'est affreux !

PASTOUREAU.
Et je laisserai même la bête à jeun... pour qu'elle soupe mieux.

PIERRETTE.
Oui ?... et bien j'avertirai M¹¹ᵉ Honorine, qui s'intéresse à cet inconnu...

GEORGES, vivement.
Vous êtes sûre ?

PIERRETTE.
Très sûre ; elle m'en parle toujours... et certainement elle ne souffrira pas qu'on le détériore comme ça.

GEORGES.
Très bien, chère petite Pierrette, vous avez raison de prendre la chose à cœur... (Il lui baise une main.) Est-elle gentille... (Il lui baise l'autre main.) et bonne fille... (Il l'embrasse.) aussi... je voudrais l'embrasser.

PASTOUREAU.
Comment, y voudrait !... y ne fait que ça...

JOB, qui s'est levé et qu'approche.
Eh bien, c'est qu'il est content... Pourquoi que tu fais la moue, toi ?...

Pastoureau, Job, Georges, Pierrette.

PASTOUREAU.
Pourquoi... mais parce que c'est lui qui... et que c'est moi que... Il me semble que c'est clair.
(On entend le bruit d'une voiture.)

GEORGES, au fond.
Une voiture... Oh ! ce doivent être les dames du château.

PIERRETTE, regardant au fond.
Oui... avec M¹¹ᵉ de Francastel.

GEORGES.
M¹¹ᵉ Honorine n'y est pas.

PIERRETTE.
Ah ! elle sera entrée, en passant, chez la fille du garde-chasse, qui est malade... Mais v'là qu'ils viennent tous au moulin... Pastoureau, faut avertir mon parrain.

PASTOUREAU.
J'y vais.

JOB.
Et moi, je suis fatigué, je vas faire un somme.

GEORGES.
Montez dans votre chambre à coucher, bonhomme Job... là, le grenier à foin...
(Il monte l'escalier.)

ENSEMBLE.
AIR de la Contredanse de M. Langlois. (Voir la Parisienne.)
Puisqu'ici les seigneurs vien' pour rendr' visite,
Nous allons avertir
Vous allez
Godurons d' venir,
Mais pour vous, bonhom' Job, montez là bien vite.
(Mais pour moi, mes enfans, je monte là bien vite.)

Faut pas vous / me retenir,
Job, allez dormir.
(J' vais aller dormir.)

(Job monte l'escalier, et entre dans la chambre du garçon meunier. — Georges sort par la gauche, Pastoureau par la droite.)

SCÈNE IV.

PIERRETTE, ARTHUR et M¹¹ᵉ DE FRANCASTEL, *entrant par le fond.*

ARTHUR.
Par ici, chère tante, par ici... nous nous reposerons un instant...

M¹¹ᵉ DE FRANCASTEL.
Ah ! il est certain que le soleil et la poussière m'ont mise dans un état...

PIERRETTE, présentant une chaise.
Si madame la chanoinesse veut s'asseoir...

ARTHUR.
Ah ! c'est toi, petite... Va à la calèche ; la marquise a quelques ordres à te donner...

PIERRETTE.
J'y cours...   (Elle sort par le fond.)

M¹¹ᵉ DE FRANCASTEL, lorgnant autour d'elle.
Mais c'est charmant... une chaumière... une vraie chaumière... avec tous ses accessoires...

ARTHUR.
Oui, c'est presque aussi bien qu'à l'Opéra.

Mlle DE FRANCASTEL.
Ah! Dieu! comme on doit être heureuse ici, mon bon... J'ai toujours adoré la simplicité champêtre... Tiens! il n'y a ni miroir, ni psyché... Je dois être toute décoiffée...

ARTHUR.
La meunière, quand il y en avait une, se mirait dans l'étang...

Mlle DE FRANCASTEL.
C'est donc un moulin?... Oui, voilà là-bas une roue qui tourne... Mais c'est très joli un moulin... et puis, c'est utile!... Il faut que je montre cela au prince...

ARTHUR.
Le voici avec ma mère...

∞∞∞∞∞∞∞∞∞∞∞∞∞∞∞∞∞∞∞∞∞∞∞∞∞∞∞∞∞∞∞∞∞

SCÈNE V.
LES MÊMES, Mme DE LUXEUIL, KOURAKAR.

Mme DE LUXEUIL.
Ah! ma chère, de grâce, venez à mon secours... Votre compagnon de voyage est certainement sourd et muet...

Mlle DE FRANCASTEL.
Comment?...

Mme DE LUXEUIL.
Impossible d'obtenir une réponse.

Mlle DE FRANCASTEL, riant.
Une réponse... Mais je crois bien, il ne parle pas français...

ARTHUR.
En vérité?...

Mlle DE FRANCASTEL.
Je ne vous ai donc pas dit?... Au fait, je n'ai pas eu le temps... (Montrant Kourakar.) C'est un prince du Caucase...

Mme DE LUXEUIL.
Un prince... Ah! Excellence... (Elle salue.)

Mlle DE FRANCASTEL, à Kourakar.
Saluez, Kourakar...
(Kourakar salue d'une manière grotesque.)

Mlle DE FRANCASTEL.
Il salue bien, n'est-ce pas?... C'est mon élève...

Mme DE LUXEUIL.
A vous?... et par quel hasard?...

Mlle DE FRANCASTEL.
Oh! c'est une aventure!... Figurez-vous que ce brave prince est venu en France pour se former aux belles manières, sans savoir un mot de français, et en compagnie d'un trucheman qui devait lui tout expliquer.

Mais chacun veut faire à sa tête;
Et vous concevez quel dépit,
Quand c'est la main d'un interprète
Qui retient sous clé votre esprit ;
Quand sans lui nous ne pouvons même
Ouvrir, au besoin, notre cœur,
Et qu'il faut, pour dire qu'on aime,
Faire appeler un traducteur...

ARTHUR.
Il est certain que c'est gênant.

Mlle DE FRANCASTEL.
Ce n'était rien encore... l'interprète mourut subitement...

Mme DE LUXEUIL.
Ah! mon Dieu!...

Mlle DE FRANCASTEL.
Vous devinez quelle position pour ce malheureux Kourakar?... Impossible de se faire entendre!... Nous avons d'abord voulu nous adresser au Collège de France; mais il s'est trouvé que le professeur de caucasien était occupé à l'apprendre!... Par bonheur, le prince avait des lettres de recommandation pour notre société; il avait été présenté à plusieurs de mes amies; nous nous sommes intéressées à lui...

Mme DE LUXEUIL.
Et vous avez entrepris son éducation?...

Mlle DE FRANCASTEL.
Oui, on me l'a confié! C'était plus convenable... une chanoinesse étant, par sa position, au dessus de la médisance... Du reste, vous concevez qu'un homme qui ne parle que le caucasien, c'est très sûr...

ARTHUR.
C'est juste, on est certain de la discrétion. Mais trouvez-vous qu'il fasse des progrès?...

Mlle DE FRANCASTEL.
Oh! énormément!... D'abord, il est très bon observateur... il fait tout ce qu'il voit faire...

ARTHUR.
Ah! vraiment?...
(Il fait tourner le cordon de son lorgnon. — Kourakar l'imite.)

Mlle DE FRANCASTEL.
Puis, il est fort doux... Vous le jugerez, du reste, chère marquise... On voit que c'est un homme né...
(Arthur se frappe le menton avec sa badine. — Kourakar l'imite.)

ARTHUR, regardant Kourakar.
Eh bien! qu'est-ce qu'il fait donc?... (Il appuie sa badine en terre en la faisant ployer. — Kourakar en fait autant.) Ah! bon... je comprends, il prend une leçon!... C'est charmant...
(Il tourne sur lui-même en éclatant de rire, et se retrouve au fond. — Kourakar, qui a exécuté la même évolution, se retrouve sur le même plan que lui et dans la même attitude.) *

Mme DE LUXEUIL.
C'est qu'il imite très bien...

Mlle DE FRANCASTEL.
N'est-ce pas?... Voyez comme c'est facile de devenir un homme civilisé...

ARTHUR.
Mais c'est un trésor que vous avez là, chère tante... Et il vous entend?...

* Mlle de Francastel, Mme de Luxeuil, Arthur, Kourakar.

ACTE I, SCÈNE V.

Mlle DE FRANCASTEL.
Oh! parfaitement... Vous allez voir... Je me rappelle justement lui avoir donné à porter des lettres que j'avais pour vous...

Mme DE LUXEUIL.
Des lettres de Paris?...

Mlle DE FRANCASTEL.
Oui, je vais les lui demander... Kourakar!... Kourakar !... ici, mon prince... ici... (Kourakar s'approche en saluant.) * Hein?... comme il est bien apprivoisé... (A Kourakar.) Donnez-moi les lettres?... (Elle tend la main. Kourakar paraît ne pas comprendre, puis donne avec empressement sa badine.) Non, ce n'est pas cela... Je vous dis les lettres là... dans votre portefeuille... (Elle met la main sur sa poitrine pour montrer où est le portefeuille. Kourakar prend ce geste pour une expression de tendresse, met les deux mains sur son cœur avec toutes les marques de la passion.) Eh bien!... qu'est-ce que vous faites donc?... Non, il ne s'agit pas de cela... maintenant... je vous demande des lettres... qui sont dans cette poche... (Elle touche la poche de côté de Kourakar, qui paraît enfin comprendre et qui tire son portefeuille.) C'est cela... Vous voyez comme il comprend...

ARTHUR.
Oui, il a compris qu'il avait une poche.

Mlle DE FRANCASTEL.
Oh! il a une intelligence prodigieuse pour un prince...

Mme DE LUXEUIL, qui a pris les lettres.
Ah! ce sont des lettres de mon homme d'affaires... Vous permettez?...

Mlle DE FRANCASTEL.
Je vous en prie...

Mme DE LUXEUIL, donnant une lettre à Arthur.
En voici une pour vous, Arthur... elle doit être importante...

Mlle DE FRANCASTEL.
Pendant que vous la lirez, je veux visiter le moulin... Kourakar!... Kourakar!... votre bras... (Kourakar va lui chercher une chaise.) Non... je vous demande votre bras... (Elle met son bras sous celui de Kourakar, qui a enfin l'air de comprendre. — A Arthur.) Vous voyez... il comprend tout... (En s'en allant par la gauche.) Venez, mon prince... nous allons voir un moulin... moulin qui tourne...

ARTHUR, qui les suit en riant.
Étonnant!... Le Caucasien de la chanoinesse va être à Paris le succès de l'hiver...

Mme DE LUXEUIL, qui a décacheté une lettre.
Nous allons enfin savoir...

ARTHUR, qui regarde la lettre qu'on lui a remise.
Tiens!... c'est du notaire... (Il l'ouvre.)

Mme DE LUXEUIL, qui a lu.
Ah! mon Dieu!...

* Mademoiselle de Francastel, Kourakar, Madame de Luxeuil, Arthur.

ARTHUR.
Qu'est-ce donc?...

Mme DE LUXEUIL.
M. Lefort nous prévient que les essais d'arrangement avec nos créanciers ont échoué... Le notaire doit vous donner les détails...

ARTHUR, qui a parcouru la lettre.
En effet... il parle de poursuites... d'expropriation pour l'hôtel de Luxeuil...

Mme DE LUXEUIL.
Notre hôtel! c'est impossible...

ARTHUR, lui donnant la lettre.
Voyez vous-même, marquise... On annonce qu'avant un mois il sera mis en vente avec e reste...

Mme DE LUXEUIL.
Mais c'est notre ruine complète alors?...

ARTHUR.
Cela devait arriver... La révolution nous avait réduit à trente mille livres de rentes, et vous avez toujours eu pour système d'administration d'en dépenser quatre-vingts!...

Mme DE LUXEUIL.
Ne fallait-il pas soutenir l'honneur de notre nom, monsieur ?

ARTHUR.
Évidemment; mais, depuis deux ou trois ans, ce sont nos créanciers qui le soutiennent.

Mme DE LUXEUIL.
Ils devraient en être fiers... en se rappelant qui nous sommes. On n'a point oublié, je suppose, qu'une de nos aïeules a été la beauté à la mode, à la cour de Louis XIV... qu'elle a dansé avec le grand roi...

ARTHUR.
Oh! il y a eu tant de jolies femmes avec lesquelles le grand roi a dansé...

Mme DE LUXEUIL.
Ah! pas de plaisanterie, Arthur!... Vous êtes trop gentilhomme pour ne pas vouloir tenir le rang que les Luxeuil ont toujours occupé dans le monde... Rien ne doit nous coûter pour le conserver; c'est une question d'honneur, d'existence... (Mouvement d'Arthur.) Oui, monsieur, d'existence, car j'aimerais mieux mourir que déchoir.

ARTHUR.
Mon Dieu! marquise, je voudrais connaître un moyen de tout arranger...

(Job paraît au haut de l'escalier, et se prépare à descendre.)

Mme DE LUXEUIL.
Il en est un, vous le savez: votre mariage avec Honorine; il était arrêté entre nous ; il ne restait qu'à y préparer votre cousine, et vous y avez mis une négligence...

(Job, qui s'est arrêté, remonte dans le grenier, dont la porte reste ouverte.)

ARTHUR.
C'est vrai... Mais vous concevez que, quand on

jouit de tous les bénéfices de l'indépendance, on tâche de la prolonger... Se marier, ça dérange toujours...

Mme DE LUXEUIL.

Vous devez savoir allier vos goûts à vos devoirs, et votre mariage avec votre cousine en est un... (Plus bas.) Vous le savez, d'ailleurs, comme moi, monsieur : si Honorine en épousait un autre, nous nous trouverions dans l'impossibilité de rendre les comptes de tutelle.

ARTHUR.

Ah ! diable ! c'est juste.

Mme DE LUXEUIL.

Il y a donc de notre repos, de notre réputation. Ce mariage seul peut tout arranger. La fortune de Mlle de Sannois, qui est considérable, nous permettrait de faire honneur à nos engagemens ; elle nous replacerait dans une position plus brillante que jamais.

ARTHUR.

Vous avez raison, marquise... Je n'ai d'ailleurs aucune objection à élever contre une pareille alliance, et si ma cousine consent...

Mme DE LUXEUIL.

Votre cousine est engagée, à son insu. L'intimité que j'ai permise entre vous a fait regarder ce mariage comme convenu, comme inévitable, et maintenant elle ne pourrait s'y refuser.

ARTHUR.

Fort bien ! Alors, dès aujourd'hui je commence mon rôle de prétendant, et demain j'amène une explication.

Mme DE LUXEUIL.

C'est cela. (Ils sortent par la gauche.)

SCÈNE VI.

JOB, descendant l'escalier du grenier, et regardant Mme de Luxeuil et Arthur sortir.

Oui... mais j'étais là, moi... j'ai tout entendu... Ah ! vous voulez marier la demoiselle au cousin... pour qu'elle paie ses dettes, pour que sa dot serve à entretenir le jeu, les chevaux et les maîtresses de M. Arthur... Ça ne peut pas se passer comme ça... Oh ! je l'avais bien jugé ce M. de Luxeuil... A Paris, ils appellent ça un lion... sans doute parce que ça mange tout... mais c'est pas ce qu'il faut à la demoiselle... Je veux qu'elle ait un mari qui l'aime pour elle-même... qui n'ait pas d'autre occupation que de la rendre heureuse... M'est avis que j'ai sous la main ce qu'il lui faut... et si ça lui convient... il faut que je m'assure de la chose... Ah ! la voici !...

SCÈNE VII.

HONORINE, entrant par le fond ; elle tient à la main une petite corbeille de jonc, pleine de fleurettes des champs.

HONORINE, sans voir Job.

Je me suis oubliée avec ces pauvres gens, j'aurai fait attendre Mme de Luxeuil... (Apercevant Job.) Tiens !... c'est le bonhomme Job !...

JOB, joyeusement, se découvrant.

Oui... mademoiselle, c'est moi...

HONORINE.

Ah ! qu'il y a de temps que je ne vous ai vu, mon bon ami Job ; je demandais tous les jours au château si vous n'étiez pas venu...

JOB.

Oh ! la demoiselle est trop bonne... (Prenant la corbeille.) Si elle veut me donner son panier...

HONORINE.

Merci...

JOB, lui avançant une chaise.

La demoiselle doit être fatiguée... elle ferait bien de s'asseoir... Oh ! comme vous avez chaud !...

HONORINE.

Oui, j'étais en retard, je me suis pressée...

JOB, courant fermer la fenêtre au fond.

Et tout qui est ouvert ici... Il n'y a rien de dangereux comme les courans d'air...

HONORINE, souriant.

Ce bon père Job... comme il me gâte !... Toujours occupé de ce qui peut me plaire... S'il faut porter une lettre, demander de la musique, faire venir un livre, il est toujours là...

JOB, souriant.

Eh bien ! et la demoiselle donc ?... Quand je vais au château, est-ce qu'elle ne vient pas demander au bonhomme Job comment il se porte et lui verser à boire ?... Car la demoiselle envoie pas un domestique... elle vient elle-même ; elle sait bien qu'une marque d'estime, un signe d'amitié, ça réchauffe le cœur mieux que le meilleur vin...

HONORINE.

N'est-ce pas le moins après ce que je vous dois... après un service... que vous ne m'avez jamais permis de reconnaître ?... Encore si vous m'aviez laissé changer une position...

JOB, l'interrompant brusquement.

Ah ! parlons pas de ça !... La demoiselle m'avait promis qu'il n'en serait plus question.

AIR : J'ai vu le Parnasse des dames.

Nous que tout l'monde aide et protége,
Faudrait-il donc nous condamner
A n'avoir que l' dur privilége
De r'cevoir sans jamais donner ?

Honorine, Job.

D' rendr' servic' quand nous som' capables,
Pourquoi nous en offrir le prix ?
C'est le seul lux' des pauvres diables
Que l' plaisir d'obliger gratis,

HONORINE, vivement.

Ah ! je n'ai pas voulu vous blesser, mon ami...
(Elle lui tend la main.)

JOB, saisissant cette main.

Non... non... (Il baise la main.) Oh ! est-ce que je sais pas que vous êtes bonne comme les anges du paradis ?

HONORINE, lui donnant une tape sur le bras en souriant.

Allons, vous êtes un flatteur, bonhomme Job.

JOB.

Faites excuse, mamselle... c'est l'opinion de tout le pays... c'est ce que me disait encore l'autre jour le nouveau garçon de maître Goduron... Vous ne le connaissez pas le garçon de maître Goduron ?...

HONORINE, allant reprendre sa corbeille. *

Moi ?... nullement.

JOB.

Ah ! toutes nos filles en raffolent... C'est un beau gars... et qui a de l'éducation... Il chante toutes les nouvelles chansons...(Confidentiellement.) Il paraît même qu'il en fait.

HONORINE, souriant.

Vraiment ?... je serais curieuse d'en voir une.

JOB.

Oui... (Il regarde autour de lui, s'approche d'Honorine et baisse la voix.) Eh bien, tout à l'heure, là... (Il montre la chambre du garçon meunier.) dans la pièce où il couche, j'ai trouvé un chiffon de papier... et ça doit être un de ses brouillons, car il y a des vers... (Il cherche dans ses poches.)

HONORINE.

Vous les avez donc lus ?...

JOB, continuant à chercher.

Oh ! non... mais je reconnais ça à première vue... La prose, c'est semé à la volée, tandis que les vers, c'est aligné comme des ciboules... (Donnant un papier.) Regardez plutôt.

HONORINE.

Voyons... (Elle regarde et tressaille.) Dieu !...

JOB, à part.

Elle reconnaît l'écriture...

HONORINE, à part.

Ce sont les vers qui accompagnaient le dernier bouquet. (Haut.) Et vous êtes certain, bonhomme Job, que ceci a été écrit par le garçon meunier ?...

JOB.

Georges...

HONORINE.

Il est ici ?...

JOB.

Certainement...

* Job, Honorine.

HONORINE.

Ah !... je serais curieuse de le voir...

JOB.

C'est bien facile ; en entrant au moulin... Et tenez... le voilà qui traverse justement la cour...

HONORINE, allant regarder au fond.

Voyons... Ciel !... je ne me trompe pas...

JOB.

Vous l'aviez déjà vu ?...

HONORINE, troublée.

Oui... je crois maintenant... me rappeler...

JOB.

Justement, il vient ici, vous pourrez lui parler.

HONORINE, vivement.

Non... c'est inutile...

JOB, la suivant.

Cependant, si la demoiselle voulait, pour cette chanson...

HONORINE.

Une autre fois... ma tante m'attend...
(Elle entre vivement à droite.)

∞∞∞∞∞∞∞∞∞∞∞∞∞∞∞∞∞∞∞∞∞∞∞∞∞∞∞∞∞∞∞∞

SCÈNE VIII.

JOB, GEORGES.

JOB, à part.

Voici l'autre...

GEORGES, entrant très vivement par le fond.

C'est elle que j'ai aperçue...
(Il heurte Job.)

JOB.

Eh bien !...

GEORGES.

Ah ! pardon... Vous étiez là avec Mlle de Luxeuil, n'est-il pas vrai ?

JOB.

Oui ; elle vient de sortir ; nous avons causé assez long-temps...

GEORGES, préoccupé.

Ah ! vous avez causé ensemble... Et elle vous a dit... quelque chose ?...

JOB, le regardant.

Cette bêtise !... comme si elle pouvait causer en disant rien du tout.

GEORGES.

Eh ! mon Dieu ! ça se voit.

JOB.

Ah ! je comprends !... c'est une malice... (A part.) Voyons un peu ce qu'il pense. (Haut.) De fait, elle ne m'a pas dit grand'chose, la chère créature du bon Dieu !... elle a la tête si légère...

GEORGES, vivement.

Hein ?... mademoiselle Honorine ?...

JOB.

Ah ! je ne dis pas ça pour lui faire tort !... Seigneur !... une si jolie demoiselle... qui a toujours queuqu'que politesse à vous faire !... Mais, vous comprenez, c'est trop jeune pour que ça soit pas un peu coquet.

GEORGES, blessé.

Comment?...

JOB.

C'est par éloge que je dis ça ; est-ce que je voudrais donc rien dire qui ne soit à l'avantage de la demoiselle?... moi qu'elle reçoit toujours... car je lui parle toutes fois et quantes ça me convient... Si les beaux messieurs savaient ça, hein?

GEORGES, étonné.

Eh bien?...

JOB.

Peut-être bien qu'ils me chargeraient de queu' que commission?

GEORGES.

Vous?...

JOB, riant.

Oui ; je pourrais leur servir de petite poste.

GEORGES, indigné.

Est-ce possible?... Quoi! vous vous prêteriez?...

JOB.

Bah! peut-être bien que ça ferait plaisir à la demoiselle.

GEORGES avec colère.

Ah! je vous croyais du cœur!...

JOB.

Mon Dieu, vous ne connaissez pas les femmes, mon cousin...

GEORGES, contenant à peine sa colère.

Brisons là!

JOB.

Comme je vous disais, d'ailleurs, la demoiselle est coquette.

GEORGES, plus irrité.

Assez, encore une fois!...

JOB.

Elle ne peut pas être farouche...

GEORGES, plus irrité.

Vous tairez-vous?...

JOB.

Et qui sait si on ne pourrait pas?..

GEORGES, furieux.

Oh! tu es un misérable!

JOB, lui saisissant vivement la main, avec cœur.

Et vous, vous êtes un honnête homme!

GEORGES, étonné.

Comment?...

JOB.

C'est tout ce que je voulais savoir... Veuillez m'excuser, monsieur le comte. (Il se découvre. — Mouvement de Georges.) Oh! votre déguisement est inutile ; vous ne vous nommez pas Georges Rimbaut, mais M. Georges de Restoul.

GEORGES.

Ciel!

JOB.

Vous êtes ici pour la demoiselle, et c'est vous qui portez toutes les nuits des bouquets et des vers sous la fenêtre du petit pavillon.

GEORGES, effrayé.

Plus bas!... plus bas!... Où as-tu pu apprendre?...

JOB.

A Alençon ; j'y suis allé exprès pour ça... Ah! j'ai été d'abord bien tourmenté de cet amour... (Mouvement de Georges.) Car vous êtes amoureux?...

GEORGES.

Eh bien! oui,... le hasard m'a fait rencontrer Mlle de Sannois pendant son séjour à Paris, et je n'ai pu me défendre de l'aimer.

JOB.

Et elle vous aime?

GEORGES.

J'ai vainement cherché jusqu'ici l'occasion de m'en assurer, et c'est pour le savoir que je suis venu à Juvigny.

JOB.

Mais pourquoi sous ce déguisement?

GEORGES.

Parce que je ne pouvais me présenter au château. Toi qui es du pays, tu ne peux ignorer la haine héréditaire qui sépare les Luxeuil des Restoul ; les deux familles se sont épuisées en luttes qui leur ont coûté le plus clair de leur fortune et le meilleur de leur sang ; une tentative de rapprochement, que j'avais essayée dernièrement, a été repoussée par la marquise...

JOB.

Et c'est pourquoi vous vous êtes adressé à la demoiselle elle-même?.. Eh bien, ça me va, monsieur le comte, et si vous lui convenez, il faut que vous l'épousiez.

GEORGES.

Mais comment arriver jusqu'à elle?...

JOB.

Écoutez... la marquise ni M. Arthur ne vous connaissent?

GEORGES.

Non...

JOB.

La petite Pierrette sera chez sa tante... on n'aura rien à craindre d'elle. Vous avez ici votre vrai costume?

GEORGES.

Sans doute!...

JOB.

Allez le prendre tout de suite.

GEORGES.

Que veux-tu faire?

JOB.

Vous présenter ce soir au château.

GEORGES.

Moi... Oh! quel bonheur!

JOB.
Je vous expliquerai tout en route... Allez.
ENSEMBLE.
AIR du Pré-aux-Clercs.
JOB.
Mais faites diligence,
Pour combler votre espoir ;
Car l'orage commence,
Voici déjà le soir.
Renoncez donc bien vite
A ce déguisement.
Pour vous fair' la conduite,
Job ici vous attend.

GEORGES.
Oui, faisons diligence,
Pour combler mon espoir ;
Car l'orage commence,
Voici déjà le soir ;
Renonçons, tout de suite,
A ce déguisement,
Et sous votre conduite,
Je pars dans un instant.

(Georges monte rapidement dans la chambre des garçons meuniers. — Job rentre à droite et se croise avec Pastoureau qui entre par le même côté, suivi d'un garçon meunier qui porte trois paquets et ressort après les avoir posés par terre.)

SCÈNE IX.
PIERRETTE, entrant par le fond, PASTOUREAU.

PASTOUREAU, à Pierrette.
Grison est prêt, mamselle Pierrette, et v'là vos paquets.
PIERRETTE, regardant les paquets.
Ah! mon Dieu! ça va fatiguer l'âne de mon parrain... Si je pouvais décider Pastoureau... *
(A Pastoureau qui sort.) Savez-vous que je vais à l'Oseraie, Pastoureau ?
PASTOUREAU, sèchement.
Oui, que je le sais, mamselle...
PIERRETTE, avec intention.
Je serai... seule...
PASTOUREAU, sèchement.
Je le sais également.
PIERRETTE, d'un ton câlin.
Est-ce que vous allez pas de ce côté-là ?...
PASTOUREAU.
Moi ?... C'est-à-dire que je retourne à la bergerie, qui est à droite... et comme l'Oseraie est à gauche...
PIERRETTE, qui a pris un paquet.
Alors, ça ne vous détournera pas, nous ferons route ensemble...
PASTOUREAU.
Si vous voulez... certainement.
PIERRETTE, avec gentillesse.
C'est convenu... Vous me porterez bien ça, n'est-ce pas ? (Elle présente un des paquets.)

* Pastoureau, Pierrette.

PASTOUREAU.
Donnez... (A part.) Elle me fait des avances...
(Il met le paquet sous son bras droit.)
PIERRETTE, prenant un second paquet.
Je pourrais bien mettre ceci sur Grison... mais j'aime mieux vous donner la préférence...
PASTOUREAU.
Vous êtes bien bonne, mamselle Pierrette. (A part.) Est-elle donc aimable !
(Il met le second paquet sous le bras gauche.)
PIERRETTE, donnant un troisième paquet.
Là, il n'y a plus que ceci... (Elle met le troisième paquet sur la tête de Pastoureau.) Mais vous ferez bien attention, Pastoureau.
PASTOUREAU.
Soyez tranquille, mamselle Pierrette... (A part.) Je vas faire route avec elle...
PIERRETTE.
Ça ne vous gêne pas...
PASTOUREAU.
Au contraire...
PIERRETTE, d'un air dégagé et dédaigneux.
Alors, je pars devant, mon cher !
PASTOUREAU.
Comment ?...
PIERRETTE.
Vous déposerez les paquets chez ma tante, à l'Oseraie. (Elle sort en courant, par le fond.)
PASTOUREAU, courant après elle.
Attendez-moi donc, mamselle Pierrette... Mamselle Pierrette !... (Il sort après elle.)

SCÈNE X.
Mme DE LUXEUIL, KOURAKAR, ARTHUR, Mlle DE LUXEUIL, entrant par la gauche.

Mme DE LUXEUIL.
Vite, vite, partons... il va faire mauvais temps.
GODURON, au fond.
Pardon, excuse, madame la marquise, tout est prêt.
ARTHUR.
Fort bien. (A Mlle de Francastel.) Ma chère chanoinesse, je suis à vos ordres.
Mlle DE FRANCASTEL.
Merci... (A Kourakar.) Allez offrir votre bras à Mme la marquise.
GODURON, au fond.
Voici les chasseurs qui rentrent au village.
ENSEMBLE.
AIR de la Chasse au sanglier. (Quadrille de la Fête du Village voisin.)
La chasse fuit sous l'ombre du feuillage ;
Là-bas déjà la foudre fait tapage.
Partons, oui, partons tous,
Pour échapper à ses coups.

(Tous sortent par le fond. — Job entre par la droite et fait signe à Georges, qui a paru au haut de l'escalier, en costume de ville, et enveloppé dans un manteau.)

ACTE DEUXIÈME.

Le théâtre représente un salon antique, à pans coupés, et garni de grands portraits de famille. — Au fond, dans le pan coupé de droite, on voit un portrait de gentilhomme en costume de chef vendéen. — Dans le pan coupé de gauche, une grande dame du siècle de Louis XIV. — Ces deux portraits sont en pied. — Portes à droite et à gauche. — Un guéridon, à gauche.

SCÈNE I.
Mme DE LUXEUIL, puis ARTHUR.

Mme DE LUXEUIL, au fond, à un valet en livrée.
Faites remiser le cabriolet de M. Durand.
ARTHUR, entrant par la droite.
Comment, ce digne avocat est ici?
Mme DE LUXEUIL.
Oui; et je veux en profiter pour le consulter.
ARTHUR.
Cela vous sera difficile, au milieu du tumulte de la fête.
Mme DE LUXEUIL.
Vous voyez qu'elle n'a pas envahi l'appartement de votre cousine; on est ici à l'abri des invités.
ARTHUR.
Ah! c'est dans cette pièce que vous avez fait ranger nos portraits de famille... Cela n'est terminé que depuis ce matin, et je n'avais pas encore vu...
Mme DE LUXEUIL.
C'est Honorine qui a dirigé les ouvriers pour faire placer les tableaux et composer les ornemens.
ARTHUR.
De sorte que ceci est notre galerie historique, notre Versailles!... (Lorgnant.) Oui, voilà bien nos illustres ancêtres... C'est très honorable; mais c'est très laid... (Il lorgne les portraits du fond, à gauche.) Y compris l'aïeule qui a dansé avec le grand roi!... (Regardant le portrait placé à droite.) Ah! voici le père de ma cousine.
Mme DE LUXEUIL.
Avec le costume de chef royaliste, qu'il portait en Vendée.
ARTHUR.
Mais je ne vois point Mme de Sannois.
Mme DE LUXEUIL.
Non, vous savez que le mariage de mon frère n'eut d'autre but que de rétablir une fortune compromise...
ARTHUR.
En effet; l'honnête tabellion dont il épousa la fille dégreva toutes ses terres, et lui rendit ainsi deux mille louis de revenu... Ah! c'était le bon temps!...
Mme DE LUXEUIL.
Il était inutile de perpétuer le souvenir d'une mésalliance, en plaçant ici l'image d'une bourgeoise, que le hasard avait fait entrer dans notre famille; aussi me suis-je arrangée de manière à ce qu'il ne restât point de place pour ce portrait.
ARTHUR.
Pourvu que ma cousine n'en ait point été blessée... Car vous savez quelle professe pour sa mère une sorte de culte superstitieux.
Mme DE LUXEUIL.
Eh bien, vous donnerez une autre direction à sa sensibilité.
ARTHUR.
Je m'en occupe, et j'avoue que je n'ai jamais trouvé ma cousine plus aimable que depuis notre retour du moulin.
Mme DE LUXEUIL.
Preuve qu'elle est heureuse de vos soins...
ARTHUR.
Je l'ai pensé... On ne m'a jamais, du reste, accusé d'incrédulité à l'égard de mon mérite; cela m'a même fait quelquefois traiter de fat.
Mme DE LUXEUIL.
C'est une insulte que vous avez toujours sévèrement punie?...
ARTHUR.
Oui, je suis trop bon gentilhomme pour permettre que l'on me dise la vérité... quand elle me déplaît... Aussi, me suis-je fait une réputation qui rend, en général, fort prudent à mon sujet.
Mme DE LUXEUIL.
Et vous avez eu raison, monsieur; je suis pour cela au dessus de la faiblesse de mon sexe, et je pense, comme votre père, qu'un homme ne doit regarder ses défauts comme sa propriété et qu'il est tenu de les défendre... surtout, quand il est assez adroit pour n'avoir rien à craindre... Mais, j'y pense... cet étranger, que le bonhomme Job a trouvé égaré dans le chemin de traverse, pendant l'orage, et qu'il a conduit au château... avez-vous su son nom?
ARTHUR.
J'aurais cru manquer aux devoirs de l'hospitalité en le lui demandant; mais il paraît qu'il se rendait chez notre vieil ami, le chevalier de Lansac, qui est précisément absent...
Mme DE LUXEUIL.
C'est donc un homme convenable?
ARTHUR.
Parfaitement; aussi l'ai-je invité à descendre au salon, et il s'habille.

SCÈNE II.

LES MÊMES, Mlle DE FRANCASTEL, HONORINE, KOURAKAR.*

Mlle DE FRANCASTEL.

Ravissant! délirant!

Mme DE LUXEUIL.

Qu'y a-t-il?

Mlle DE FRANCASTEL.

Oh! chère marquise, où étiez-vous donc? Mon prince caucasien vient d'obtenir un succès étourdissant.

ARTHUR.

En vérité?

Mlle DE FRANCASTEL.

Vous savez que j'avais eu l'idée de lui faire exécuter ce soir la Schlymka, une danse du Caucase, qu'il a mise à la mode dans plusieurs salons du faubourg Saint-Germain...

(Kourakar entre et va se placer à gauche.)

Mme DE LUXEUIL.

Il vient de la danser?

HONORINE.

Avec un succès extraordinaire.

Mlle DE FRANCASTEL.

Oh! c'était du délire!... On montait sur les fauteuils pour le voir; les hommes applaudissaient, les femmes jetaient leurs bouquets... Je ne croyais pas que l'on eût, en province, tant de goût pour les choses d'intelligence.

Mme DE LUXEUIL, à Kourakar.

Ah! prince! recevez mes félicitations...

(Kourakar, qui, depuis son entrée en scène, a souvent fait des mouvemens, comme s'il se préparait à danser, croit que Mme de Luxeuil l'invite à recommencer; il prend une pose et fait un premier pas.)

Mlle DE FRANCASTEL, le retenant.

Non, Kourakar! non!... restez en repos... On l'a fait recommencer tant de fois, qu'il croit toujours qu'on le prie de danser.

Mme DE LUXEUIL.

Et avez-vous bien averti que c'était un prince?...

HONORINE.

Certainement; c'est alors surtout qu'on a applaudi, en criant : Vive le prince Kourakar!

(Kourakar se remet à danser.)

Mlle DE FRANCASTEL, le retenant.

Assez, mon prince! assez!... Asseyez-vous là... (Elle le pousse dans un fauteuil.) Son succès l'a tellement enivré, que je ne puis plus l'arrêter.

ARTHUR.

Mais savez-vous que ceci va nous faire le plus grand honneur dans le pays, quand on saura que le Caucase nous fournit des princes que nous faisons danser entre les rafraîchissemens.

* Madame de Luxeuil, mademoiselle de Francastel, Arthur, Honorine.

Mme DE LUXEUIL.

Pourquoi s'étonnerait-on, monsieur? Une de nos aïeules n'a-t-elle pas figuré?...

ARTHUR.

Dans le quadrille du grand roi... c'est juste... La danse a toujours beaucoup contribué à l'illustration de notre famille...

HONORINE.

Pardon, madame la marquise, plusieurs invités vous demandaient tout à l'heure pour prendre congé...

Mme DE LUXEUIL.

Comment, déjà!... Mais c'est impossible!...

Mlle DE FRANCASTEL.

Ne craignez rien; j'ai un moyen sûr de les retenir.

ARTHUR.

Lequel donc?

Mlle DE FRANCASTEL.

Je ferai danser Kourakar. (Kourakar, bien qu'assis, fait un pas.) Oui, prince, venez..., On vous redemande. (Kourakar se lève d'un bond.) Voyez quelle légèreté!...

ARTHUR.

Allons vite annoncer cette bonne nouvelle a tout le monde...

(Il donne le bras à Mlle de Francastel.)

Mme DE LUXEUIL, à Kourakar. *

Cette fois, au moins, je veux m'associer à l'enthousiasme général... (Kourakar prend le bras de Mme de Luxeuil, et l'entraîne en dansant.) Pardon. Ah! mon Dieu! il m'enlève...

Mlle DE FRANCASTEL, en riant.

Il est capable de forcer la marquise à danser la Schlymka. (Elle sort avec Arthur par le fond.)

SCÈNE III.

HONORINE, seule.

On m'a dit que le bonhomme Job était arrivé au château pendant l'orage; je voudrais bien e voir... l'interroger sur cette étrange rencontre faite au moulin...

SCÈNE IV.

JOB, entrant par la gauche, HONORINE.

JOB.

C'est la demoiselle...

HONORINE.

Ah! j'allais justement vous faire demander.

JOB, qui la regarde avec admiration.

Ah! oui-da... Ah! la demoiselle allait... ah! la demoiselle voulait...

HONORINE, riant.

Qu'avez-vous donc, bonhomme Job?

* Kourakar, Mme de Luxeuil, Mlle de Francastel, Arthur, Honorine.

JOB.

Moi... rien... je regarde... parce que... j'avais jamais vu la demoiselle en toilette de bal...

HONORINE.

Eh bien ?...

JOB.

Eh bien !... ça me rend heureux de la voir si jolie !..

HONORINE, souriant.

Comment, bonhomme Job!... Mais savez-vous que voilà un compliment?

JOB.

Oh! c'est la vérité; car personne ne peut regarder la demoiselle sans l'admirer... sans l'aimer... (Mouvement d'Honorine.) C'est ce que me disait encore tout à l'heure le monsieur que j'ai conduit au château. (Georges entre par la droite.)

HONORINE.

Il me connaît?

JOB.

Et vous le connaissez de même.

HONORINE.

Moi !...

JOB, montrant Georges.

Regardez, plutôt.

SCÈNE V.

LES MÊMES, GEORGES.

HONORINE, se retournant et apercevant Georges.

Ciel! M. de Restoul!

GEORGES.

Silence! de grâce! vous seule, ici, connaissez mon nom.

HONORINE.

Mais on peut l'apprendre, monsieur... C'est d'une imprudence...

GEORGES.

Ah! j'aurais tout risqué pour vous voir.

HONORINE, l'interrompant.

Monsieur... (Indiquant Job du regard.) songez que nous ne sommes pas seuls!

JOB.

Faites pas attention, j'entends pas... Je regarde les images... (A Georges.) Allez toujours...*

(Il va regarder les portraits au fond, mais écoute et surveille toujours la conversation.)

GEORGES.

Cet homme vous est dévoué, mademoiselle... je ne lui ai rien caché... (Mouvement d'Honorine.) Pourquoi l'aurais-je essayé ? Mes projets peuvent être avoués à tous...

HONORINE, voulant se retirer.

Permettez, monsieur...

GEORGES, l'empêchant de sortir.

Oh! vous m'entendrez!... Je sais que ma démarche est étrange, inconvenante peut-être; mais la droiture d'intention justifie les moyens. Je ne pouvais m'adresser qu'à vous seule pour avouer que je vous aimais.

HONORINE.

De grâce!...

GEORGES.

Oh! que ce mot ne vous offense pas... Mon amour est entouré de respect et de crainte; il a l'humilité des suppliants... il ne réclame rien; il veut que vous puissiez le juger, le connaître, et, en attendant, il ne demande que le droit d'espérer.

JOB.

Très bien !...

HONORINE, se retournant.

Comment ?...

JOB.

Rien... c'est des portraits que je parle... Ils sont très bien ces portraits?

(Il les regarde de plus près.)

GEORGES, s'approchant d'Honorine.

Vous ne me répondez point... Dites-moi seulement que vous me permettez de vous voir, de vous parler ?...

HONORINE, les yeux baissés.

Mais il me semble, monsieur, que c'est une liberté... qui est toute prise.

GEORGES, plus vivement.

Ainsi, vous m'accordez la permission de rester ?

HONORINE, embarrassée.

Mon Dieu!... je ne suis point chez moi... Et, dès que la marquise vous a reçu...

GEORGES.

Mais s'il est vrai qu'un autre vous ait fait agréer sa recherche ?...

HONORINE, très vivement.

Qui vous a dit cela, monsieur ? c'est faux !...

GEORGES, vivement, avec joie.

Alors, je suis le premier en date ?

JOB, qui s'est approché insensiblement.*

Et il faut que vous soyez le dernier.

HONORINE.

Comment, Job !...

JOB.

Eh bien! oui, tant pire... Je vous entends, malgré moi, et je me suis toujours intéressé aux amoureux... d'autant que M. de Restoul n'a dit à la demoiselle que la vérité... Je m'en suis assuré à Alençon.

HONORINE.

Vous ?

JOB.

Et ce qu'il ne vous a pas dit... c'est que sa famille voulait le marier à une jeune personne de dix-huit ans ?...

* Honorine, Georges, Job.

* Honorine, Job, Georges.

ACTE II, SCÈNE IV.

GEORGES, voulant l'empêcher de parler.
Je vous en prie....
JOB.
Une charmante personne de dix-huit ans, avec des yeux longs de ça... (Il montre son doigt.) et un million de dot...
HONORINE.
Se peut-il?...
JOB.
Eh bien ! il a refusé... il a refusé pour vous...
GEORGES, cherchant à lui imposer silence.
Assez, Job !...
JOB.
Laissez donc... la demoiselle vous en voudra pour ça!... car elle-même ne vous avait pas oublié.
HONORINE, à part.
Que dit-il ?...
GEORGES.
Moi ?...
JOB.
Quand elle vous a aperçu au moulin, elle vous a reconnu tout de suite, et elle a jeté un cri de joie...
HONORINE.
Job !...
JOB, se reprenant.
Non, d'étonnement... j'avais oublié que ça devait être d'étonnement.
GEORGES, avec ravissement.
Est-ce bien vrai ?... Ah ! vous ne me repousserez pas alors !...
HONORINE, interrompant vivement.
Pardon... la marquise doit s'inquiéter de mon absence ; elle vous attend vous-même...
GEORGES.
Vous me permettrez de vous conduire?
HONORINE.
Monsieur !... (Elle lui donne la main.)
GEORGES.
AIR de la voix tendre. (Loïsa Puget.)

    Mais en vain
    Cette main
Est là dans la mienne ;
    A mon vœu
   Aucun nœud
Hélas ! ne l'enchaîne.
   Oh ! pourquoi
   Cet émoi ?
Voyez mon attente !
  Main charmante
  Qui m'enchante
Es-tu bien à moi ?

HONORINE.
   La voilà,
   Prenez-la ;
L'orchestre commence ;
   Et du bal
   Le signal
Appelle à la danse.
   Au salon
   Venez donc,
On doit nous attendre ;
   Un mot tendre
   Peut s'entendre
Rentrons au salon.

JOB, à part, avec joie.
Ça va bien ! ça va bien !...
PIERRETTE, au dehors.
Oui, par là, Pastoureau.
JOB.
Ah ! c'est la voix de Pierrette !...
GEORGES.
De retour ce soir....
HONORINE.
Ah ! mon Dieu !
JOB.
De l'aplomb.

SCÈNE IV.

LES MÊMES, PIERRETTE, entrant par la gauche.[*]

PIERRETTE, à la cantonade.
Ce pauvre Pastoureau !... (Apercevant Honorine.) Ah ! bonjour, mamselle.
HONORINE.
Vous ici... Je vous croyais à l'Oseraie.
PIERRETTE.
Ah ! bien oui, il aurait fallu y arriver ; j'ai bien cru que c'était fait de moi.
HONORINE.
Comment ?...
PIERRETTE.
Ah ! si la demoiselle avait vu l'orage... des tonnerres, des éclairs, et la pluie, qui a fait déborder la Varenne, si bien que le petit pont a été emporté.
JOB.
Tiens !
PIERRETTE.
Et puis, Grison qui s'est effrayé !... Comprenez-vous ça ? un âne qui a peur comme une créature raisonnable !... Impossible de le faire revenir au château...
JOB.
Ah bah !
PIERRETTE.
AIR : Ah ! si madame m'entendait.

Y avait d'vant nous un rocher blanc,
(Montrant Georges.)
Comm' qui dirait monsieur, j' suppose,
  Quand Grison s'met à faire un' pause,
  Puis à tourner en reculant,
Comm' si c'était que q' fantôme effrayant.
  A chaque éclair de la tempête
  Qui mettait en feu l'horizon,
El' tournait, el' tournait, c'te bête.

[*] Georges, Pierrette, Honorine, Job.

(Elle imite le mouvement de l'âne en tournant autour de Georges; celui-ci se retourne en toussant, pour n'être pas reconnu. — Pierrette paraît étonnée.)*
Tiens! c' monsieur qui fait comme Grison;
Pourquoi donc qu'il fait comm' Grison?
JOB.
Enfin, il a pourtant passé?
PIERRETTE.
Oui, grâce à Pastoureau; mais ç'a pas été sans peine...
HONORINE.
Il faut aller vous reposer, Pierrette.
PIERRETTE.
Oh! c'est inutile, mamselle.
HONORINE.
Pardonnez-moi; après une pareille fatigue, vous ne devez point veiller... rentrez au petit pavillon.
PIERRETTE.
Mais, mamselle...
HONORINE.
Rentrez.
PIERRETTE.
Alors, j'y vais, mamselle...
GEORGES, à Honorine.
Venez... (Il donne la main à Honorine.)**
PIERRETTE, prenant un éventail sur le guéridon à gauche.
Ah! monsieur... monsieur, l'éventail de mamselle que vous oubliez.
GEORGES, se retournant étourdiment pour le prendre.
Donnez.
PIERRETTE, reculant avec une exclamation.
Oh!...
(Georges et Honorine sortent par le fond.)

SCÈNE V.
PIERRETTE, JOB.

PIERRETTE, qui court après Georges.
Est-ce possible!... Oui... je me trompe pas...
JOB.
Qu'est-ce qu'il y a donc?
PIERRETTE.
C'est la même voix... excepté la cravatte... et le même nez... avec un habit noir.
JOB.
Comment, un nez en habit noir!... Voyons, qu'est-ce que tu veux dire?
PIERRETTE.***
Je veux dire, bonhomme Job, que ce monsieur est le domestique du père Goduron.
JOB.
Par exemple!
PIERRETTE.
J'en suis sûre... et je parie que Pastoureau le reconnaîtra comme moi...

* Pierrette, Honorine, Job, Georges.
** Pierrette, Honorine, Georges, Job.
*** Job, Pierrette.

JOB.
Tu es folle...
PIERRETTE.
Je veux aller chercher Pastoureau.
JOB, la retenant.
Veux-tu bien te taire...
PIERRETTE.
C'est donc vrai?...
JOB, à part.
Il vaut mieux tout lui dire.
PIERRETTE.
C'est le garçon meunier de mon parrain.
JOB, mystérieusement.
Non... c'est le comte de Restoul.
PIERRETTE.
Comment!... Georges, qui était si gentil avec moi... c'est un comte?
JOB.
Oui... c'est lui qui déposait ces bouquets et ces vers sous la fenêtre du petit pavillon.
PIERRETTE.
Ah bah!... C'est donc pour moi qu'il est ici?...
JOB, étonné.
Pour toi!
PIERRETTE.
Puisque vous me dites que c'est lui qui venait au petit pavillon...
JOB, à part.
Au fait, j'aime mieux ça. (Haut.) Eh bien... oui...
PIERRETTE.
Est-ce possible!... Alors, il s'était déguisé?
JOB.
Pour le voir.
PIERRETTE.
Et il s'est fait recevoir au château...
JOB.
Pour être plus près de toi.
PIERRETTE.
De moi?...
JOB.
Certainement; tu l'as ensorcelé, tu l'as abruti... il ne pense plus qu'à toi; tu obtiendras tout ce que tu voudras... comme la belle vachère de Passais.
PIERRETTE.
Qui a épousé un baron...
JOB.
Lui, il est comte... l'un vaut l'autre.
PIERRETTE, enivrée.
Ah! c'est-y possible!... Oh! Dieu! bonhomme Job, si c'était possible!... moi, je serais comtesse... j'aurais de belles robes, des chapeaux, des laquais; je pourrais faire la grande dame, répéter ce que j'ai entendu dire à la marquise... (Prenant un grand ton.) « Demandez mon équipage, François, nous allons voir le steep-chase, tous nos gentlemen riders se sont donné rendez-vous

sur le turf. » (Reprenant son ton naturel.) Oh ! c'est-y agréable de parler comme ça en beau français.

JOB.

Oui, mais pour réussir, t'as besoin d'être adroite et fûtée... Et d'abord faut pas avoir l'air de connaître le comte.

PIERRETTE.

Comment !... lui rien dire ?

JOB.

Avec les hommes, on doit jamais faire des avances : faut qu'ils demandent.

PIERRETTE.

Oh ! ça, ils demandent toujours.

JOB.

On ne leur donne rien ; on les laisse s'enflammer, et alors ils font tout ce que vous voulez...

PIERRETTE.

Tiens ! tiens ! bonhomme Job... qui est-ce qui vous a donc appris ça à vous ?

JOB.

C'est toi ; est-ce que je ne vois pas comme tu promènes tes galans... quand ce ne serait que ce pauvre Pastoureau ?...

PIERRETTE.

Ah ! à propos de lui, s'il allait reconnaître M. de Restoul.

JOB.

Mais il est retourné à la bergerie...

PIERRETTE.

Du tout, je lui avais dit qu'y resterait ce soir au château... Vous comprenez, bonhomme Job : au milieu de l'orage, j'avais peur, j'avais besoin de lui, et, dans ce cas-là, on promet tout...

JOB.

Mais après, on ne tient jamais ; c'est de règle. Faut qu'il parte tout de suite.

PIERRETTE.

Eh bien... je vais lui chercher querelle.

JOB.

C'est ça, je t'aiderai... Voici quelqu'un ; vite allons nous débarrasser de Pastoureau.

PIERRETTE.

Oui, allons... Oh ! père Job, si je suis jamais comtesse... je veux vous faire cadeau, pour le jour de la noce, d'un habillement complet : habit, veste et culotte.

JOB.

Avec les sabots ?...

PIERRETTE.

Garnis de peau de mouton.

AIR des Complimens de Normandie (Loïsa Puget).

PIERRETTE.

Dieu ! moi devenir comtesse,
J'en suis dans l'enchantement !
Vraiment,
Vraiment,
C'est un destin charmant !
Avoir honneurs et richesse
Sans travail et sans tourment,

* Pierrette, Job.

Vraiment,
Vraiment,
Ce doit êtr' ravissant !
Quelle ivresse,
Moi comtesse,
J'en suis dans l'enchantement !
Moi comtesse...

JOB.

Toi comtesse...

ENSEMBLE.

Quel sort heureux et charmant,

(Ils sortent par la gauche.)

SCÈNE VI.

ARTHUR entre, donnant le bras à HONORINE ; Mme DE LUXEUIL les suit, donnant le bras à GEORGES.

ARTHUR, à Honorine.

Ici, ma cousine, nous pourrons du moins respirer...

HONORINE, regardant derrière elle si Georges vient.

Mon Dieu, mon cousin, il ne fallait pas vous déranger pour moi... je serais sortie seule... (A part.) Le voici !...

GEORGES, à Mme de Luxeuil.

Madame la marquise aurait peut-être préféré rester au bal !...

Mme DE LUXEUIL.

Non... je suis bien aise, monsieur, que vous puissiez voir notre galerie de famille.

GEORGES, avec distraction, regardant Honorine.

Je sais, madame, que le nom de Luxeuil est un des plus anciens de la monarchie.

Mme DE LUXEUIL.

Dès le siècle de Louis XIV, il occupait un rang élevé, et nous avons eu une de nos aïeules...

GEORGES, vivement.

Qui a dansé avec le grand roi.

Mme DE LUXEUIL.

Ah ! monsieur sait... (A part.) Ce jeune homme est fort instruit.

ARTHUR, à Mlle de Francastel qui entre seule.*

Eh bien, chère tante, où est donc votre prince ?

Mlle DE FRANCASTEL.

J'ai été forcée de l'abandonner... impossible de l'arracher du buffet. Il a tant le désir de s'instruire, qu'il veut goûter à tout...

ARTHUR.

Ah ! diable ! pourvu qu'il n'aille pas trop loin dans l'étude du punch et du vin chaud...

Mlle DE FRANCASTEL.

Je réponds de lui... Vous avez vu comme il m'obéissait.

(La marquise est allée s'asseoir sur un fauteuil à droite. Georges, appuyé sur le dossier du meuble, continue à s'entretenir. — Honorine s'est approchée du guéridon placé à gauche, et y arrange des fleurs, en

* Honorine, Arthur, mademoiselle de Francastel, Georges, madame de Luxeuil.

jetant de temps en temps quelques regards vers Georges. — Arthur est près d'elle. — Mlle de Francastel reste au milieu.)

ARTHUR, répondant à Mlle de Francastel.

Quand son éducation sera achevée, vous le fixerez sans doute en France par un mariage?

Mlle DE FRANCASTEL.

J'y ai pensé.

Mme DE LUXEUIL.

Oui, c'est la spécialité de cette bonne chanoinesse : étant hors de cause pour son compte, elle s'occupe de marier tout le monde.

Mlle DE FRANCASTEL.

C'est tout simple; je rapproche les cœurs qui cherchent des dots, de ceux qui en apportent.

ARTHUR.

Ah!... Et en avez-vous beaucoup de ces derniers?

Mlle DE FRANCASTEL.

Dans ce moment, j'en ai un magnifiquement doté.

Mme DE LUXEUIL.

Un cœur de quel âge?

Mlle DE FRANCASTEL.

De cinquante mille livres de rente... C'est une petite dévote qui habite la Vendée, où elle se résigne à être une sainte, en attendant mieux. (A Arthur.) On m'en avait même parlé pour vous.

ARTHUR.

Pour moi!

Mme DE LUXEUIL.

Et qu'avez-vous répondu?

Mlle DE FRANCASTEL, avec intention.

Oh! comme il s'agissait d'aller faire sa connaissance fort loin d'ici, j'ai répondu qu'Arthur n'aimait point les déplacemens, et que, selon toute apparence, il attendrait le bonheur à domicile...

GEORGES, tressaillant, à part.

A domicile!

HONORINE, tressaillant, à part.

Comment!

Mlle DE FRANCASTEL, qui la regarde en riant.

Eh mon Dieu! chère petite, il ne faut pas vous troubler pour cela...

HONORINE.

Je ne suis point troublée, madame.

Mlle DE FRANCASTEL, allant à elle.

A la bonne heure; mais alors pourquoi rougir... pourquoi baisser les yeux?

HONORINE.

Mais, madame, vous vous trompez...

Mme DE LUXEUIL.

De grâce, chanoinesse...

Mlle DE FRANCASTEL.

Eh bien... j'ai eu tort... j'ai parlé trop vite... mais il ne faut pas m'en vouloir... (A Arthur.) Vous me pardonnez, mon cousin... et vous, mar-

(Honorine, mademoiselle de Francastel, Arthur, Georges, madame de Luxeuil.)

quise?... Quant à monsieur, je compte sur sa discrétion.

GEORGES, très troublé.

Madame... certainement... s'il est vrai...

Mlle DE FRANCASTEL.

Laissons cela... Voici la danse qui reprend... le prince doit m'attendre... Monsieur voudrait-il me donner le bras jusqu'au salon?...

GEORGES, contraint et troublé.

Je suis aux ordres de madame.

Mlle DE FRANCASTEL, bas, à Georges.

Venez, nous gênons les amoureux.

(Elle sort avec Georges.)

SCÈNE VII.

ARTHUR, Mme DE LUXEUIL, HONORINE.

HONORINE, à part.

Aurait-elle donc parlé sérieusement?

Mme DE LUXEUIL, bas, à Arthur.

L'occasion ne saurait être plus favorable, il faut s'expliquer. (Arthur va fermer la porte du fond; Mme de Luxeuil s'approche d'Honorine.) Je vois que l'étourderie de la chanoinesse vous a troublée, chère enfant.

HONORINE.

J'avoue, madame, que j'ai été surprise...

ARTHUR.

Je suis désolé, pour ma part, d'une pareille sortie devant un étranger.

Mme DE LUXEUIL.

Cela prouve, mon fils, que les positions incertaines sont toujours fausses... Il est clair que vos soins pour Honorine ont été remarqués par tout le monde et que vous ne pouvez les continuer plus long-temps sans les justifier.

ARTHUR.

Vous savez que c'est mon plus cher désir. Si j'ai gardé le silence jusqu'à ce moment, c'est que je voulais être bien connu de ma cousine et la mériter; mais, à défaut de paroles, mes actes lui ont assez fait connaître mon amour.

HONORINE.

Votre amour!... est-ce possible!...

Mme DE LUXEUIL.

En doutez-vous, chère enfant?

HONORINE.

Madame...

Mme DE LUXEUIL, s'approchant.

Allons, voyons, pourquoi cet embarras? Le choix de mon fils est conforme à tous mes désirs, et j'espère qu'il ne contrarie point les vôtres.

ARTHUR.

De grâce, parlez...

HONORINE, très troublée.

Pardon, mon cousin... Madame la marquise... cette demande est pour moi si inattendue...

ARTHUR, vivement.
Ma cousine hésiterait-elle ?
Mme DE LUXEUIL, vivement.
Cela ne peut être ! Sa réputation même ne lui permet plus de balancer.
HONORINE.
Comment ?...
Mme DE LUXEUIL.
Pensez-vous donc que l'on puisse accepter impunément les soins d'un jeune homme, donner à tout le monde la persuasion que vous venez d'entendre exprimer par la chanoinesse ?... Votre conduite a été un engagement pris devant le public, devant nous-mêmes, et, à moins que mon fils n'ait mérité de déchoir dans votre estime...
HONORINE.
Je ne dis pas cela, madame.
Mme DE LUXEUIL.
Alors, à un projet convenu, nécessaire, vous ne pouvez opposer qu'un caprice ! N'espérez pas m'y voir céder, mademoiselle ; ce mariage se fera, parce qu'il le faut, parce que je le veux !
HONORINE.
Ah !... (Avec une dignité émue.) Pardon, je sais ce que je dois de respect à Mme la marquise, mais je sais aussi ce que je me dois à moi-même : j'aurais voulu que mon silence pût être compris, mais, puisqu'on me force à répondre...
ARTHUR.
Eh bien ?...
HONORINE.
Je refuse.
Mme DE LUXEUIL.
Ah ! et daignerez-vous au moins faire connaître le motif ?...
ARTHUR.
Oh ! ne le demandez pas, ma mère, un pareil aveu coûterait trop, sans doute.
Mme DE LUXEUIL.
En avez-vous donc compris la raison ?
ARTHUR.
J'ai compris que j'avais à combattre dans l'esprit de ma cousine quelque comparaison défavorable. (Honorine tressaille et détourne la tête.) Vous voyez que j'ai deviné juste. Si l'on me repousse, c'est qu'un autre est mieux accueilli ; c'est pour lui que nous avons dû subir un refus aussi inattendu qu'injurieux.
Mme DE LUXEUIL.
Ainsi, c'est la vérité, mademoiselle ?...
ARTHUR, s'animant.
Mais qu'on ne pense pas que je me résigne : on a laissé grandir mes espérances, on les a encouragées par tout ce qui peut donner confiance, elles sont devenues publiques, et maintenant on voudrait les tromper au profit d'un autre !...
HONORINE.
Mon cousin...

ARTHUR, l'interrompant.
Je n'accepterai point cette humiliation ! Je jure sur l'honneur que celui qu'on me préfère aura à me rendre compte de mes projets détruits, et que la place restera tout entière à un seul.
HONORINE.
Dieu !
Mme DE LUXEUIL.
Vous entendez, mademoiselle ?... un éclat ! un duel !
ARTHUR.
Ma mère, de grâce...
Mme DE LUXEUIL.
Non, non. (A part.) Je saurai bien la faire céder. (S'approchant d'Honorine.) Attendez-moi ici, mademoiselle, je reviens tout à l'heure ; et ce que vous refusez maintenant, vous me le demanderez à genoux.
HONORINE, à part.
A genoux !
Mme DE LUXEUIL.
Attendez-moi.
(Elle sort avec Arthur, par le fond.)

SCÈNE VIII.
HONORINE, seule.

Qu'a-t-elle voulu dire ?... C'était une menace... Que puis-je avoir à craindre ?... Mon Dieu ! et pas un conseil, pas un ami !... O ma mère ! que n'es-tu là pour me défendre !... Je t'ai perdue avant d'avoir pu te connaître, et il ne m'est resté de toi que ce souvenir (Elle baise la moitié d'anneau qu'elle a au doigt.) qui m'annonçait un protecteur perdu sans retour. Et son image, son image qu'ils voulaient chasser de la famille !... mais j'ai su lui conserver sa place... en la cachant !... Elle est là... (Elle va au portrait de M. de Sannois et touche un bouton caché dans la boiserie ; le portrait se dérange et laisse voir celui de Mme de Sannois caché au dessous.) Je puis la contempler comme par le passé, la prier comme ma sainte patronne.

AIR du Fil de la Vierge.

Portrait doux et chéri dont l'aspect seul protège
  Les mauvais jours,
O toi qui me soutiens quand la douleur m'assiège,
  Mon seul recours !
Sois encore aujourd'hui l'étoile tutélaire
  D'un cœur tremblant...
Et vous, du haut du ciel, baissez les yeux, ma mère,
  Sur votre enfant !
(Elle tombe à genoux devant le portrait.)

SCÈNE IX.
HONORINE, JOB, entrant par la gauche.

JOB, sans voir Honorine.
J'ai moi-même reconduit Pastoureau jusqu'à l'avenue... Il n'y a personne ici... il faut que j'avertisse la demoiselle. (Apercevant Honorine.) Ah !... c'est elle !...
HONORINE, se relevant effrayée.
Quelqu'un !

JOB, courant à elle.
Que faites-vous là ? qu'avez-vous ?...
HONORINE.
Moi ?...
JOB, la regardant.
Vos yeux sont pleins de larmes..., vous étiez à genoux devant ce portrait... Ce portrait... (Poussant un cri à la vue de la peinture.) Ah !
HONORINE, étonnée.
Qu'y a-t-il ?...
JOB, qui recule en regardant le portrait.
C'est elle !...
HONORINE.
Vous avez connu ma mère ?...
JOB, reculant.
C'est elle !... c'est elle !...
HONORINE, courant à lui.
Vous avez connu ma mère... et vous me le cachiez ?...
JOB.
Oui... j'avais promis... je le devais...
HONORINE.
Oh ! parlez, je vous en conjure.
JOB, reculant.
Non... non... c'est impossible !
HONORINE.
Job, mon ami...
JOB.
Je ne puis... Jamais... Laissez-moi.. laissez-moi.
(Il disparaît par la porte à droite.)
HONORINE, seule.
Il s'échappe !... Pourquoi ce trouble ?... Il connaît donc quelque secret qu'il ne veut point avouer... Ah ! je le forcerai bien à parler.
(Elle va pour sortir par la porte de droite.)

SCÈNE X.

Mme DE LUXEUIL, HONORINE.

Mme DE LUXEUIL.
Restez, mademoiselle.
HONORINE.
La marquise !
Mme DE LUXEUIL.
Je vous avais promis de revenir, et me voici. J'espère encore que, pendant mon absence, vous aurez pu réfléchir.
HONORINE.
En effet, madame, dans le trouble où vous m'aviez laissée, j'ai dû recourir à mon guide habituel, à celle dont le souvenir est pour moi comme une seconde conscience, à ma mère...
Mme DE LUXEUIL, apercevant le portrait.
Que vois-je ?... le portrait de Mme de Sannois ? J'avais défendu...
HONORINE.
Je le sais, madame... aussi, en le voyant à cette

Honorine, Job.

place qui lui avait été refusée, j'ai pensé qu'un jour mon portrait pourrait également faire tache dans la galerie historique de votre noble famille, et que le sang roturier de ma mère devait me rendre indigne d'y figurer.
Mme DE LUXEUIL.
Ah ! je comprends... Non contente d'un refus, vous vous croyez assez forte pour vous poser devant nous en ennemie ! Eh bien ! puisque vous demandez la guerre, mademoiselle, vous l'aurez !
HONORINE.
Oh ! je ne la cherche point, madame... Il n'y a dans mes paroles ni provocation, ni menace ; en voulant conserver la liberté de choisir celui dont je dois porter le nom, je ne fais que réclamer un juste droit.
Mme DE LUXEUIL.
Des droits... (Allant à elle.) Mais, malheureuse, si vous n'en aviez aucun !
HONORINE, étonnée et effrayée.
Moi ?...
Mme DE LUXEUIL.
Vous m'avez poussée à bout... ne vous en prenez qu'à vous seule de ce que vous me forcez à révéler...
HONORINE.
Que voulez-vous dire, madame ?...
Mme DE LUXEUIL.
Je veux dire, mademoiselle, que la position dont vous jouissez, la fortune qui vous rend si fière, le nom que vous portez, rien de tout cela ne vous appartient.
HONORINE.
Comment ?...
Mme DE LUXEUIL.
M. de Sannois était mort plus d'un an avant votre naissance, et vous n'êtes point sa fille...
HONORINE.
Que dites-vous ?... ma mère... ma mère... (Reculant vers le portrait.) Ah ! c'est un mensonge, madame !
Mme DE LUXEUIL.
Un mensonge !... Eh bien,.. puisqu'il vous faut des preuves...
HONORINE, se précipitant vers elle.
Vous avez des preuves ?...
Mme DE LUXEUIL, lui montrant un papier.
Connaissez-vous cette écriture ?
HONORINE.
Celle de ma mère !...
Mme DE LUXEUIL.
Lisez...
HONORINE.
Mais quelle est cette lettre ?... d'où vient-elle ?
Mme DE LUXEUIL.
Lisez...
HONORINE, lisant.
« Mon ami,
» Je suis au manoir avec notre enfant. Venez,

» mais surtout de la discrétion... tout le monde
» ignore la mort de M. de Sannois et croit Hono-
» rine sa fille... » (Honorine s'arrête; Mme de Luxeuil
lui fait signe de continuer; elle ajoute d'une voix
éteinte.) « Songez que la moindre imprudence peut
» tout découvrir. —HORTENSE. »

Mme DE LUXEUIL.
Croyez-vous, maintenant?

HONORINE, avec égarement.
Ma mère!... Oh! non, c'est impossible! j'ai mal
vu...

Mme DE LUXEUIL.
La lettre a été trouvée dans les papiers du chevalier de Rivaud, dont le dévoûment pour votre
mère s'explique maintenant.

HONORINE, se couvre les yeux et se laisse tomber
dans un fauteuil.
Oh! mon Dieu! mon Dieu!...

Mme DE LUXEUIL, avec énergie.
Ainsi, ce n'est pas moi qu'il faut accuser de
mensonge, mais celle qui a usurpé pour vous un
nom que vous n'aviez point le droit de porter...
une fortune qui nous appartient; et pour prouver
à tous ce mensonge, je n'ai qu'à dire un mot!...

HONORINE, les mains jointes.
Ah! vous ne le direz pas, madame.

Mme DE LUXEUIL.
Vous m'y avez forcée, mademoiselle... Pour l'é-
viter, j'avais espéré confondre vos intérêts avec
ceux d'Arthur, faire que celle qui ne pouvait se
dire ma nièce pût être légitimement ma fille...
Vous ne l'avez point voulu... Eh bien! nous ferons
valoir nos droits!... Notre avocat est là; je vais
lui parler sur-le-champ, et il ira, cette lettre à la
main, redemander l'héritage qui nous a été dé-
robé.

HONORINE.
Ah! vous ne ferez point cela, madame... Je
vous en conjure par tout ce que vous avez aimé!
Mon Dieu! quelle prière faut-il employer?...
Ah! vous avez un fils, madame... Supposez qu'il
soit là, comme moi, priant pour l'honneur de sa
mère... Ah! vous êtes émue, vous aurez pitié...
vous vous tairez, vous vous tairez!..

Mme DE LUXEUIL.
Je vous ai laissé choisir entre ce mariage et un
éclat... Vous avez préféré l'éclat... tout est fini
entre nous...
(Elle fait un mouvement pour sortir.)

HONORINE.
Madame, je vous en conjure...

Mme DE LUXEUIL.
Laissez, mademoiselle... je suis attendue par
M. Durand.

HONORINE.
Oh! écoutez-moi... madame... il le faut...
(Barrant la porte avec violence.) Je le veux!

Mme DE LUXEUIL.
Comment...

HONORINE.
Puisque vous êtes implacable... puisque je dois
renoncer à la liberté de mes affections... au bonheur... madame... (Elle tombe à genoux.) que
l'honneur de ma mère soit sauvé... et puis faites
de moi ce que vous voudrez.

Mme DE LUXEUIL.
Alors vous consentez... Ah! relevez-vous, Honorine; vous n'aurez pas à vous repentir. (Elle
court au fond et sonne.) Mais il faut que votre
cousin soit instruit...

HONORINE.
Que faites-vous?

Mme DE LUXEUIL, au domestique qui paraît.
Avertissez M. Arthur, la chanoinesse... tout le
monde.

HONORINE, brisée.
Oh! pour ce soir... du moins... gardez-moi le
secret...

Mme DE LUXEUIL.
Laissez, nous n'avons ici que des voisins... des
amis...

HONORINE.
Madame... je vous en supplie...

SCÈNE XI.

LES MÊMES, ARTHUR, Mlle DE FRANCASTEL;
puis GEORGES et LES INVITÉS.

Mme DE LUXEUIL, à Arthur.
Venez, mon fils... Tout est arrangé, et vous
pouvez remercier Honorine.

ARTHUR.
Se peut-il?... Ah! ma cousine...
(Il va prendre la main d'Honorine qu'il baise. —
Georges entre.)*

GEORGES.
Que vois-je!...

HONORINE, retirant vivement sa main, à part.
M. de Restoul!...

Mlle DE FRANCASTEL.
La chère marquise veut nous annoncer une
nouvelle...

Mme DE LUXEUIL.
Que vos indiscrétions de tout à l'heure ne per-
mettent plus de tenir secrète.

Mlle DE FRANCASTEL.
Ainsi, j'avais deviné juste?...

Mme DE LUXEUIL.
Assez juste pour que je puisse annoncer ce soir
même le prochain mariage de mon fils et de
Mlle de Sannois.

GEORGES.
Ciel!...

HONORINE, reculant jusqu'à un fauteuil.
Ah!...

* Mademoiselle de Francastel, madame de Luxeuil,
Georges, Arthur, Honorine.

GEORGES.

Le mariage de Mlle de Sannois!... Ai-je bien entendu?...

ARTHUR.

Parfaitement, monsieur...

GEORGES, allant vers Honorine.

Ah! j'ai besoin que mademoiselle me le répète elle-même...

Mme DE LUXEUIL.

Que signifie?...

ARTHUR, s'avançant.

Pardon... Monsieur est, sans doute, un parent ou un ami... S'il daignait nous faire connaître son nom...

GEORGES, hésitant.

Mon nom...

ARTHUR, ironiquement.

A moins qu'il ne soit de ceux que l'on a des raisons pour taire.

GEORGES.

Je me nomme, Georges de Restoul...

HONORINE, à part.

Dieu!...

Mlle DE FRANCASTEL, étonnée.

Comment!...

Mme DE LUXEUIL.

M. de Restoul ici!...

ARTHUR.

Ah! je crois comprendre ce qui nous procure l'honneur d'une visite aussi inespérée... M. le comte avait vu, sans doute, ma cousine à Paris?...

GEORGES.

Il est vrai, monsieur... Je ne chercherai point à cacher plus long-temps des sentimens que vous avez devinés ; mais cet aveu même me donne droit à une explication...

ARTHUR.

Une explication?

GEORGES.

Il y a quelques instans à peine, j'ai pu croire à la réalisation de mes espérances...

Mme DE LUXEUIL.

Vous?...

GEORGES.

C'est à mademoiselle de dire si je me suis trompé...

ARTHUR.

Monsieur...

GEORGES.

Oh! je sais ce qu'une pareille question a d'inusité, de choquant, peut-être... mais je suis prêt à subir toutes les conséquences de ma hardiesse... Je demande seulement une réponse...

Mme DE LUXEUIL.

Vous ne songez pas, monsieur le comte...

GEORGES, l'interrompant.

Madame... c'est à Mlle de Sannois que je parle... (Job paraît à la porte de gauche.) Est-il vrai qu'elle ait consenti à ce mariage avec M. Arthur de Luxeuil?...

JOB, à part.

Que dit-il?

GEORGES, s'approchant d'Honorine.

Au nom du ciel... qu'elle réponde sincèrement et sans crainte.

HONORINE, d'une voix balbutiante.

Oui... c'est... la vérité!...

JOB, à part.

Ah! mon Dieu!...

GEORGES.

Et elle a consenti librement?...

HONORINE.

Librement...

Mme DE LUXEUIL.

Vous entendez, monsieur!

GEORGES, accablé.

J'entends, madame... Oui... je me suis trompé!... cruellement trompé!... Je prie Mme de Luxeuil de recevoir mes excuses... avec mes adieux!...

HONORINE, chancelant.

Oh!... c'est trop à la fois!...

(Elle cherche un fauteuil et s'y laisse tomber évanouie. — Tout le monde l'entoure. — On entend jouer au bal la valse du Diable boiteux. — Georges va sortir par le fond. — Job l'arrête au passage.)

JOB, bas.

Ne désespérez pas... je vous attends demain à la bergerie.

ACTE TROISIÈME.

Le théâtre représente une maison de berger, construction rustique, n'ayant qu'un rez-de-chaussée, sans grenier. — Au fond, une porte à un seul battant, ayant à sa droite une fenêtre, et à sa gauche (par rapport au spectateur) une cheminée sur laquelle un fusil est accroché. — Au côté droit du spectateur, une alcôve, dont le rideau de serge verte est baissé. — Une porte du même côté. — Une autre porte à gauche. — Quelques escabeaux. — Une table, au fond, près de la cheminée.

SCÈNE I.

PASTOUREAU, entrant par la gauche, à la cantonade.

Là... là... Rustaut !... veille aux moutons, mon vieux !... Oui... c'est ça... fais la patrouille autour du troupeau !... C'est-y intelligent les chiens de travailler à notre place !... surtout quand on est comme moi... qu'on a pas le cœur à l'ouvrage !... Car c'est vrai que depuis que j' suis amoureux, je pense plus à mes bêtes !... je pense qu'à moi-même... M'en fait-elle du chagrin c'te Pierrette !... Hier encore, me chercher querelle quand j' m'attendais à rien... Me dire que, si j'avais eu de la bonne volonté, ses paquets auraient pas été mouillés !... comme si la bonne volonté pouvait remplacer les parapluies... et elle s'est fâchée... Il a fallu quitter le château.... Eh ben ! j'y retournerai pas !... je veux lui prouver que je peux me passer d'elle... je resterai à la bergerie. Quand on a trois cents moutons et deux chiens, on n'a pas besoin d'aller chercher d'autre société...

SCÈNE II.

PASTOUREAU, PIERRETTE.

PIERRETTE, du dehors.
Hé !... Pastoureau...

PASTOUREAU.
Qui est-ce qui m'appelle ?...

PIERRETTE, du dehors.
Pastoureau !...

PASTOUREAU.
C'est la voix de Pierrette... (Il va regarder à la fenêtre du fond.) Oui, la voici... elle me cherche... Il faut garder son quant à soi !...

PIERRETTE, paraissant à la porte.
Pastoureau !... Pastoureau !... Ah ! le voilà... Eh bien ! pourquoi que vous ne répondez pas ?...

PASTOUREAU, qui s'est assis sur un escabeau, les bras croisés, et qui ne se retourne pas.
Qu'est-ce qui me demande ?... J'ai pas le temps... Je suis en affaires...

PIERRETTE.
Comment, en affaires ?... Voilà donc pourquoi vous n'avez pas apporté ce matin le lait de chèvres à Mᵐᵉ la marquise ?...

PASTOUREAU, se levant.
Tiens !... mais elle a passé la nuit au bal... elle doit encore dormir...

PIERRETTE.
Ah bien ! oui... il y a une chasse aujourd'hui dans la forêt, et toutes ces dames veulent y aller...

PASTOUREAU.
C'est donc pour ça que j'ai vu, avant le jour, un monsieur qui venait du château, et qu'est entré dans le bois...

PIERRETTE, vivement.
Un petit ?...

PASTOUREAU.
Oui...

PIERRETTE.
Avec un manteau ?...

PASTOUREAU.
Juste...

PIERRETTE.
C'était lui !...

PASTOUREAU.
Qui, lui ?...

PIERRETTE.
Eh bien ! l'étranger que le bonhomme Job avait amené hier pendant l'orage....

PASTOUREAU.
Il est donc reparti ?...

PIERRETTE.
Je crois bien... il a été reconnu...

PASTOUREAU.
Reconnu ?... Et qui donc que c'était ?...

PIERRETTE.
Le comte de Restoul...

PASTOUREAU.
Ah bah !... un des ennemis de la famille...

PIERRETTE.
Oui... Tu comprends bien qu'après l'explication il a été forcé de quitter le château...

PASTOUREAU.
Et où qu'il est allé ?...

PIERRETTE.
Ah ! v'là ce qu'on n'a pas pu me dire... Y doit être dans le voisinage... chez le garde-chasse... peut-être... ou bien au moulin...

PASTOUREAU.
A moins qu'il soit reparti...

PIERRETTE.
Oh ! non... Je suis sûre qu'il est resté dans le pays... il a pour ça des raisons particulières...

PASTOUREAU.
Ah bah !...
PIERRETTE.
Seulement, je voudrais savoir où il s'est retiré !...
PASTOUREAU, la regardant.
Vous ?...
PIERRETTE, vivement.
Oh ! pas pour moi... mais pour Mme la marquise... Et c'est pour ça que je suis venue vous trouver, mon petit Pastoureau... Vous êtes si gentil quand vous voulez...
PASTOUREAU.
Mais, je veux toujours...
PIERRETTE.
Oui... Alors vous irez au village pour vous informer si on a vu le comte...
PASTOUREAU.
Au village... Ah ! c'est-à-dire... Permettez... ai pas le temps...
PIERRETTE, le cajolant.
Oh ! mon petit Pastoureau !... songez qu'il n'y a que vous pour me rendre ce service...
PASTOUREAU.
V'là pourquoi vous me donnez la préférence...
PIERRETTE, cajolant.
Vous qui faites tout ce que je veux... mon bon Pastoureau... vous ne me refuserez pas ça ?... Voyons, mon joli petit cœur... mon chérubin...
(Elle lui frappe sur les joues.)
PASTOUREAU, fasciné.
Est-elle câline... est-elle câline...
PIERRETTE.
Vous irez chez le garde-chasse, n'est-ce pas ?...
PASTOUREAU, très fort, en la prenant dans ses bras.
Eh bien !... oui... là... Tu fais tout ce que tu veux de moi, vois-tu... t'es une sorcière... t'es une fée... A-t-elle une jolie main !...
(Il baise une des mains de Pierrette.)
PIERRETTE.
Et si le comte n'est pas là, vous pousserez jusqu'au moulin...
PASTOUREAU, prenant l'autre main de Pierrette, et la baisant.
Elle a même deux jolies mains...
PIERRETTE.
Puis, du moulin vous irez à l'auberge du village... (Pastoureau baise les deux mains réunies.)

―――――――

SCÈNE III.

Les Mêmes, JOB.

JOB, voyant Pastoureau baiser les mains de Pierrette.
Eh bien ! ne vous gênez pas !...
PIERRETTE, retirant ses mains.
Ah ! le père Job !...
JOB.
Continuez donc votre conversation...

PIERRETTE.
C'était fini... Je donnais une commission à Pastoureau...
JOB.
Et il se la faisait payer d'avance ?...
PASTOUREAU.
Comme vous dites, bonhomme Job... mais je vas la faire maintenant... tout de suite...
PIERRETTE.
Vous me retrouverez ici...
JOB, à part.*
Qu'est-ce qu'elle dit ?... elle veut rester... Il est bientôt huit heures... Le comte et la demoiselle vont arriver... Faut qu'elle parte...
PASTOUREAU, qui a cherché au fond.
Où donc qu'est mon chapeau ?... faut que je trouve mon chapeau...   (Il entre à droite.)
PIERRETTE.
Dépêchez-vous... (A Job.) Y va s'informer où est M. de Restoul...
JOB.
Ah ! c'est M. de Restoul qu'il cherche ?...
PIERRETTE, vivement.
Est-ce que vous l'auriez vu, bonhomme Job ?...
JOB.
Certainement... (Confidentiellement.) Je viens de le quitter...
PIERRETTE.
Où cela ?...
JOB.
Au grand carrefour Vert... Faut que tu ailles l'y rejoindre... Il t'attend...
PIERRETTE.
Au grand carrefour ?...
JOB.
Il veut te parler tout de suite... tout de suite...
PIERRETTE.
Ah ! mon Dieu !... Et moi qui perds ici mon temps avec ce nigaud de Pastoureau...
PASTOUREAU, rentrant avec son chapeau.
Voilà, voilà, Pierrette... Je vais courir chez le père Goduron...
PIERRETTE.
C'est inutile, mon cher... vous pouvez rester...
PASTOUREAU, étonné.
Plaît-il ?...
PIERRETTE.
J'ai voulu voir si on pouvait compter sur votre complaisance... Mais puisque vous vous faites tant valoir... puisque vous prenez des airs...
PASTOUREAU.
Moi, j'ai des airs ?...
PIERRETTE.
Restez à vos moutons, monsieur... On se passera de vous !...   (Elle sort par le fond.)

* Job, Pierrette.

SCÈNE IV.
JOB, PASTOUREAU.

PASTOUREAU.

Eh bien !... elle se sauve... Oh ! mais c'est une tuile qui me tombe sur la tête... Dites-moi donc, bonhomme Job... je ne deviens pas imbécile pourtant !...

JOB.

Ça ne t'est pas possible, mon garçon.

PASTOUREAU.

Mais qu'est-ce qui s'est passé ?... Qu'est-ce qui lui a pris ?... Est-ce qu'elle se moquerait de moi ?...

JOB.

Dame ! pour ne pas en perdre l'habitude...

PASTOUREAU, enfonçant son chapeau sur sa tête.

Oui ?... Eh bien ! ça me va... Elle veut plus que j'aille chercher son M. de Restoul... Je resterai... je reste !...

JOB, à part.

Comment... il reste ?... Mais du tout...

PASTOUREAU, assis.

Et dire que tout à l'heure elle m'appelait son chérubin... Mais c'est impossible de compter sur l'amour de cette femme-là !... On ne peut pas vivre comme ça, bonhomme Job... c'est trop fatigant.

JOB.

C'est de ta faute... Pourquoi as-tu l'air de ne penser qu'à elle ?... Les femmes, vois-tu, quand on les cherche, elles s'en vont...

PASTOUREAU.

Tiens !... c'est donc comme le chien de Jean de Nivelle ?...

JOB.

Si tu veux que Pierrette t'adore, faut faire semblant d'en aimer une autre...

PASTOUREAU, se levant.

Eh bien ! vous avez raison... Oui, je vas en idolâtrer une autre... Je vas idolâtrer toutes les autres... je veux devenir un monstre, puisque ça vous embellit aux yeux des femmes... Et pour commencer, y a la grande brinde qui me foit les regards... Je vas lui répondre dans la même langue...

JOB.

Justement, je viens de la voir qui coupait de l'herbe au petit bois... Faut y conduire les moutons...

PASTOUREAU.

C'est ça !... Eh bien ! tant pire... je me lance... Je veux profiter de tous mes avantages...

AIR : Quel plaisir d'aller à la noce.

De tout' les fill' de la commune
J' vas m' mettre à chérir les appas,
J' vas maint'nant pour plair' à chacune,
Les agacer, leur tordr' les bras,
J'veux leur donner des tap' soignéuses,
Leur fair' des bleus en les pinçant,
Me montrer enfin séduisant,
Puisqu'en les rendant malheureuses
C'est l'moyen qu'ell' vous rend' content.
Oui, j' veux les rendr' bien malheureuses,
A c'te fin qu'ell' me rend' content.

ENSEMBLE.

JOB.

Sois brûlant,
Inconstant,
T'es sûr qu'ell' te rendront content.

PASTOUREAU.

J' s'rai brûlant,
Inconstant,
A c'te fin qu'ell' me rend' content.

(Pastoureau sort par la gauche.)

SCÈNE V.
JOB, seul.

Heureusement le voilà parti... Il était temps... voici le comte.

SCÈNE VI.
GEORGES, JOB.

GEORGES.

Ah ! je vous cherchais !... Vous m'aviez donné hier un rendez-vous ; j'ai voulu venir avant de quitter Juvigny.

JOB.

Vous partez ?

GEORGES.

Dans un instant...

JOB.

Ainsi, vous avez abandonné vos projets ?... Vous avez renoncé à la demoiselle ?

GEORGES.

Moi !... Mais ne sais-tu donc pas que son mariage avec M. de Luxeuil a été publiquement annoncé hier... qu'elle-même a déclaré y consentir volontairement ?

JOB.

Et vous avez accepté ça au premier mot ? Vous n'avez pas cherché à défendre votre bonheur ; on vous met à la porte du paradis et vous partez tranquillement !...

GEORGES.

Tranquillement ! Oh ! non, car je voulais fuir sur-le-champ et je suis resté... je voulais oublier celle qui me repousse et je ne suis occupé que de son souvenir.

JOB.

Vrai ?

GEORGES.

Je crois toujours la voir, l'entendre ; ma tête est en feu ; mon cœur bat à se briser, la fièvre brûle mon sang ; il me semble enfin par instants que je vais devenir fou...

JOB, vivement et joyeusement.

Et bien! à la bonne heure! vous voilà raisonnable!

GEORGES, avec entraînement.

Ce matin encore, je voulais revoir Mlle de Sannois, lui rappeler les espérances qu'elle m'avait données, lui dire qu'elle était devenue le but de toutes mes actions, le seul intérêt de ma vie; que, pour la mériter, je consentirais à tout, j'essaierais tout, je supporterais tout...

JOB.

Très bien...

GEORGES.

Mais le moyen d'arriver jusqu'à elle, maintenant que je ne puis retourner au château...

JOB.

Eh bien, elle viendra ici.

GEORGES.

Que dis-tu?

JOB.

Dans un instant... et, puisque vous êtes si bien en train, vous allez lui répéter tout ce que vous me disiez là...

GEORGES.

Oh! non... Puisqu'elle vient... je pars... Je ne veux point l'attendre.

JOB.

Mais du tout, du tout... Quand je vous dis qu'elle cédera...

GEORGES.

Tu me trompes.

JOB.

Qu'elle vous aime.

GEORGES.

C'est impossible.

JOB.

Si je vous en donnais la preuve...

GEORGES.

La preuve?...

JOB.

Est-ce que vous reculeriez encore devant les obstacles?

GEORGES, avec chaleur.

Oh! si j'avais cette assurance, rien ne pourrait m'abattre!... J'accepterais toutes les attentes, toutes les conditions; certain de l'avenir, je supporterais le présent avec courage.

JOB, regardant par la porte de gauche.

Oui?... Eh bien, nous allons savoir la vérité... C'est Mlle de Sannois. Il ne faut pas qu'elle vous aperçoive.

GEORGES.

Que veux-tu faire?

JOB.

Vous verrez... Vite là... derrière ce rideau.

(Il fait entrer Georges derrière le rideau de l'alcôve, à droite.)

SCÈNE VII.

LES MÊMES, HONORINE, entrant avec précaution par le fond.

HONORINE.

Êtes-vous seul, Job?

JOB.

La demoiselle peut voir.

HONORINE, refermant derrière elle la porte au verrou.

Je n'ai pu m'échapper qu'au moment où la chasse est partie du château.

JOB, confidentiellement.

Et moi, je viens de quitter M. le comte.

HONORINE, vivement.

Vous l'avez vu ce matin?

JOB.

Certainement... Il voulait me remettre une lettre pour la demoiselle.

HONORINE, vivement, en s'avançant.

Vous l'avez?...

JOB.

Du tout, j'ai refusé.

HONORINE.

Ah!...

JOB, d'un air de bonhomie.

Est-ce que j'ai pas bien fait?

HONORINE, abattue.

Oui... oui... A quoi servirait une lettre maintenant.

JOB.

Et puis celle-là aurait fait du chagrin à la demoiselle, vu que le jeune homme était pas raisonnable... Il avait l'air d'un désespéré.

HONORINE.

Se peut-il?...

JOB.

J'ai pourtant tâché de justifier la demoiselle, en disant qu'elle aimait son cousin depuis long-temps.

HONORINE.

Ciel! vous avez dit?...

JOB.

Fallait bien inventer queuqu' chose pour le consoler.

HONORINE, avec agitation.

Et qui vous avait prié de parler pour moi à M. de Restoul... de faire des suppositions... de le tromper?...

JOB.

Hein?...

HONORINE, plus douloureusement.

Et il vous aura cru... il m'aura accusée...

JOB.

Faites excuse! Il a dit seulement que la demoiselle pouvait être tranquille, qu'elle n'entendrait plus parler de lui.

HONORINE.

Et il est reparti pour Paris?

JOB.
En attendant d'aller plus loin... oui ; il paraît qu'il a un parent qui commande en Algérie, et qu'il veut aller le rejoindre.
HONORINE.
Dieu !...
JOB.
On se chamaille pas mal, là-bas, et quand on a du chagrin, c'est une distraction ; à force de se battre, on finit par guérir ou bien...
HONORINE.
Par mourir !...
JOB.
Faut croire que c'était l'idée du jeune homme.
HONORINE, avec une douleur qui s'exalte.
Et vous ne l'avez pas retenu, vous, Job, qui avez l'air de vous intéresser à lui, à moi !... Vous lui avez dit que je désirais un mariage auquel je me soumets comme au plus cruel des malheurs... vous l'avez laissé partir désespéré... et maintenant je ne puis le détromper.
JOB.
Mais puisque la demoiselle ne l'aimait pas !
HONORINE, avec explosion.
Et qu'en savez-vous ?
GEORGES, se montrant.
Ah !...
JOB.
Alors la demoiselle serait bien aise de le voir ? C'est bien différent... peut-être qu'il n'est pas si loin qu'elle peut croire.
HONORINE, tirant les mains dont elle s'était couvert les yeux.
Comment ?...
JOB.
Si elle voulait seulement regarder...
HONORINE.
Où cela ?...
JOB.
Là... à ses pieds.
(Il montre Georges qui vient de se mettre à genoux près d'Honorine.)
GEORGES.
Honorine !...
HONORINE, reculant.
M. le comte !...
GEORGES.
J'ai tout entendu, tout compris...
HONORINE, vivement.
Levez-vous !... de grâce !...
JOB.
C'est juste, on se met à genoux pour demander, et vous n'avez qu'à remercier.
HONORINE.
Que dites-vous, Job ?
GEORGES.
Oh ! ne rétractez point les paroles qui vous sont échappées tout à l'heure, Honorine ; pourquoi m'envier déjà l'espérance donnée ?...

HONORINE, avec une douleur contenue.
Et si cette espérance, monsieur le comte, ne pouvait jamais s'accomplir...
GEORGES.
Comment, ce mariage qui vous est si odieux*...
HONORINE.
Est une nécessité, un devoir ! La promesse que j'ai faite, il faut que je la tienne... dussé-je en mourir !
GEORGES.
Mais qui vous force ?...
HONORINE.
Ne m'interrogez pas, je ne puis rien vous dire ; c'est un secret qui n'appartient pas à moi seule et qu'aucune puissance humaine ne pourrait me faire révéler !... (Mouvement de Georges et de Job.) Ah ! je vous en conjure, si vous m'aimez, par générosité, par grâce, ne me demandez rien.
JOB, à lui-même.
Qu'est-ce qui peut donc s'être passé ?
ARTHUR, en dehors.
Il doit être à la bergerie.
GEORGES.
Écoutez...
JOB.
C'est la voix de M. de Luxeuil !...
HONORINE.
Mon cousin !... Ah ! il m'a vue sortir du château, s'il nous trouve ensemble, tout est perdu !...
JOB, montrant la porte à gauche.
Par cette porte...
GEORGES, allant pour l'ouvrir.
Oui... (La refermant vivement.) Ah ! Pastoureau est arrêté là... à quelques pas...
ARTHUR, frappant à la porte du fond.
Ouvrez... ouvrez !...
JOB, à Georges, rapidement.
Restez pour le retenir... Je peux faire échapper la demoiselle par le petit courtil.
(Il montre la porte à droite.)
GEORGES.
Va...
(Job entraîne Honorine, et tous deux disparaissent par la porte de droite.)
ARTHUR, au dehors.
Eh bien !... ouvriras-tu ?...
GEORGES.
Un plus long retard donnerait des soupçons...
(Il tire le verrou.)

SCÈNE VIII.
ARTHUR, GEORGES.

ARTHUR, entrant sans voir Georges.
Enfin !... il n'est pas malheureux que ce butor se soit décidé... (Reconnaissant Georges.) Ah ! mille pardons... monsieur le comte... (A part.) Ma cousine n'est point ici ! (Haut.) Je cherchais le berger...

* Georges, Honorine, Job.

GEORGES.
Je crois l'avoir aperçu de ce côté...
(Il montre la gauche.)
ARTHUR, après avoir regardé autour de lui, à part.
C'est singulier... il m'avait semblé entendre plusieurs voix. (Haut.) Alors... monsieur le comte est seul ?

GEORGES.
Vous le voyez, monsieur.

ARTHUR.
A la bonne heure ; je suis ravi que cette rencontre inattendue nous permette de nous expliquer... Nous nous sommes quittés hier un peu froidement.

GEORGES.
En effet...

ARTHUR.
Je pourrais me plaindre de l'espèce d'interrogatoire que monsieur le comte a fait subir à ma cousine.

GEORGES, vivement.
Monsieur de Luxeuil se croirait-il offensé ?

ARTHUR.
Du tout !... S'il s'agissait d'une question d'honneur, monsieur le comte sait aussi bien que moi que je ne m'en mêlerais pas ; on ne fait pas ces sortes de choses soi-même ; on envoie les témoins qui règlent tout, et l'on n'a absolument que la peine de se couper la gorge.

GEORGES.
Pardon !... j'avais cru...

ARTHUR.
Oui, au premier moment, j'ai été contrarié... mais, ma foi ! je me suis battu tant de fois sans avoir de motif, que j'ai trouvé piquant d'avoir un motif sans me battre... ça change.

GEORGES, avec intention.
Puis, au moment de conclure un mariage qu'il désire hâter, monsieur de Luxeuil a pensé peut-être qu'une querelle pourrait lui coûter quelque embarras judiciaire et amener des retards fâcheux ?

ARTHUR.
Eh bien ! il y a plaisir à s'adresser aux gens d'esprit ; ils comprennent même ce que vous ne dites pas.

GEORGES.
Reste à savoir si ce mariage ne rencontrera point quelque obstacle imprévu.

ARTHUR.
Est-ce un avertissement que me donne monsieur le comte?

GEORGES, saluant.
Monsieur de Luxeuil le saura.

ARTHUR, saluant, à part.
Est-ce qu'il machinerait quelque chose ?

GEORGES, à part.
Il faut que je revoie Mlle de Santois ;

PIERRETTE, au dehors.
Je vous dis que c'est très mal... que c'est affreux...

ARTHUR, à part.
La petite Pierrette !

SCÈNE IX.

LES MÊMES, PIERRETTE, JOB. *

JOB, à Pierrette.
Mais écoute-moi donc, puisque je te répète...

PIERRETTE.
Non... y a pas d'excuse... m'assurer que M. de Restoul est au carrefour Vert !... Voilà une heure que je cours !...

ARTHUR.
Comment ! tu cherchais M. le comte... mais le voilà !...

PIERRETTE, se retournant et apercevant Georges.
Lui... Ah ! voyez-vous, bonhomme Job.

JOB.
Mais je te dis que tu a mal compris.

PIERRETTE.
Du tout, du tout... c'était pour me jouer un tour... A preuve que vous avez voulu vous sauver quand vous traversiez tout à l'heure le courtil avec Mlle Honorine.

ARTHUR, vivement.
Ma cousine !..

JOB, vivement.
Eh non... elle ne sait pas ce qu'elle dit...

PIERRETTE.
Par exemple !... Vous sortiez de la bergerie avec la demoiselle...

TOUS.
Ah !...

ARTHUR, à part.
Elle était ici !...

PIERRETTE.
Et me dire qu'on m'attend dans la forêt...

ARTHUR, vivement.
On t'a envoyé chercher M. le comte au carrefour Vert...

PIERRETTE, un peu embarrassée.
C'est-à-dire... c'était une gausserie du bonhomme Job.

GEORGES.
Mon Dieu ! il y a eu un malentendu.

ARTHUR, avec intention. **
Vous croyez, monsieur le comte ? Il me semble, au contraire, qu'on s'est entendu parfaitement.

JOB, bas, à Pierrette.
Bavarde !

PIERRETTE, bas.
Tiens... y n' fallait donc pas dire ?

---

* Arthur, Pierrette, Job, Georges.
** Pierrette, Job, Arthur, Georges.

ACTE III, SCÈNE XI.

ARTHUR, s'approchant de Georges et parlant à demi-voix.

Pendant que la petite était éloignée, vous avez pu voir tête-à-tête Mlle de Sannois.

GEORGES.

Monsieur...

ARTHUR.

Je m'explique maintenant le retard de m'ouvrir cette porte et l'espèce de menace que cachaient tout à l'heure vos paroles ; mais monsieur le comte doit comprendre que ma patience ne peut aller jusqu'à souffrir que l'on cherche à ruiner mes espérances.

GEORGES.

J'ai déjà eu l'honneur d'avertir M. de Luxeuil que j'étais à ses ordres.

ARTHUR.

Fort bien ; si monsieur le comte le permet, nous passerons par dessus tous les préliminaires d'usage.

GEORGES.

Soit, monsieur ; dans une heure, près du grand étang.

ARTHUR.

J'y serai avec mes témoins.

JOB, qui a entendu les derniers mots, à part.

Des témoins !

ENSEMBLE.

ARTHUR et GEORGES.

AIR : Mais vraiment ou, c'est de la folie. (Le Métier et la Quenouille.)

Là, du moins, nous pourrons, sans alarmes,
A tous les yeux cacher nos coups ;
Oui, sortons, car aujourd'hui les armes
Doivent décider entre nous.

JOB.

Ah ! j'avais raison dans mes alarmes,
Ils se donnent un rendez-vous ;
Mais ici ce ne sont point les armes
Qui doiv' décider entre nous.

PIERRETTE.

Ah ! pé' Job, je conçois vos alarmes ;
Mais pourquoi donc ce rendez-vous ?
Que veul'nt-ils ? ce ne sont point les armes
Qui doiv' décider entre nous.

(Georges et Arthur sortent par le fond.)

~~~~~~

SCÈNE X.

PIERRETTE, JOB.

JOB.

Grand Dieu ! ils vont se battre.

PIERRETTE.

Se battre... et pourquoi ?

JOB.

Tu le demandes, après ce que tu viens de faire... N'as-tu pas vu la colère de M. de Luxeuil ?

PIERRETTE.

Quand j'ai dit que j'étais allée au carrefour...

Job, Pierrette.

JOB.

Il veut se venger de la préférence accordée au comte... et il se vengera.

PIERRETTE.

Comment ! mais ils sont donc rivaux ?

JOB, avec impatience.

Eh ! tu le vois bien !

PIERRETTE.

Rivaux... est-ce possible !... Alors ils m'aiment tous deux ?...

JOB.

Qu'est-ce qu'elle dit ?...

PIERRETTE.

M. Arthur aussi... et je m'en doutais pas... Ce que c'est que d'être pas assez coquette, on ne devine rien... Ah ! voilà donc pourquoi ils se sont fâchés... (Allant vivement au père Job.) Mais il ne faut pas qu'ils se battent, bonhomme Job ; songez que jamais personne n'en est réchappé avec M. Arthur...

JOB, tressaillant.

Ah ! tu as raison... hier encore il s'en vantait... Il est maître de la vie du comte... il le tuera.

PIERRETTE.

Qu'est-ce que vous dites là... tuer un comte qui peut m'épouser ! faut pas le permettre... Ah ! grand Dieu ! je me résignerais plutôt à les aimer tous deux... Je ne veux pas de duel, bonhomme Job.

JOB, avec agitation.

Non... mais pour ça une explication est nécessaire... Et d'abord, tu vas courir au château... prévenir tout le monde.

PIERRETTE, courant pour sortir.

Tout de suite.

JOB, la retenant.

Et à la demoiselle... (Il tire de son sein un médaillon qu'il donne à Pierrette.) tu remettras ce médaillon... tu lui diras de l'ouvrir... de regarder ce qu'il renferme... et, quand elle aura vu, elle viendra... Mais va, cours, ramène-la.

PIERRETTE.

Tout de suite, bonhomme Job.

(Elle sort rapidement par la droite.)

~~~~~~

SCÈNE XI.

JOB, seul.

Oui... elle viendra... et il faudra bien qu'elle s'explique ; elle ne pourra plus le refuser quand elle saura qu'il y va de la vie de M. le comte ; car c'est lui qu'elle aime... tout à l'heure elle vient de l'avouer... elle a dit que le mariage avec son cousin la ferait mourir... Elle mourir... oh ! non, pas tant que je serai là ; pas tant que j'aurai deux bras pour la défendre... (Il va à la table du fond reprendre son chapeau et son manteau.) Ils se sont donné rendez-vous près du grand étang... moi aussi j'y serai... ils auront des armes... (Il aperçoit le fusil accroché sur la cheminée et il le saisit.) moi aussi j'en aurai. Ce duel n'aura pas lieu, non... et si tous deux persistent à se battre, eh bien, nous serons trois !...

(Il va pour sortir par la porte de droite.)

SCÈNE XII.

Mme DE LUXEUIL, ARTHUR, Mlle DE FRANCASTEL, JOB.

Mme DE LUXEUIL.

Non, Arthur, je veux tout savoir; cette petite m'a effrayée en me parlant d'un duel.

Mlle DE FRANCASTEL.

Et je viens justement de voir passer M. de Serval et le comte, avec des pistolets...

ARTHUR.

Mon Dieu, ce n'est rien; un malentendu, pour lequel il suffira d'une courte explication...

Mme DE LUXEUIL.

Prenez garde, mon fils.

ARTHUR.

J'ai le choix des armes.

Mlle DE FRANCASTEL.

Mais le prince, au moins, ne court-il aucun danger ?... Songez que j'en réponds au faubourg Saint-Germain...

ARTHUR.

Soyez tranquille; je vous le ramène dans un instant.

(Job qui, pendant cette conversation, s'est approché de la porte du fond, près de laquelle il a déposé son fusil, la barre au moment où Arthur se détourne pour sortir.)*

JOB, à Mme de Luxeuil.

Ainsi, madame la marquise ne s'oppose point à ce combat ?

ARTHUR.

Qu'est-ce que c'est ? Ce drôle est bien hardi!

JOB.

Elle compte sur une adresse qui a déjà été funeste à tant d'autres.

ARTHUR, avec colère.

Te tairas-tu ?

JOB.

C'est un moyen honnête d'assassiner un rival...

ARTHUR, s'élançant vers Job, en levant le fouet qu'il tient à la main.

Misérable !

Mlle DE FRANCASTEL, l'arrêtant.

Arthur... que faites-vous !...

(Elle prend le fouet des mains d'Arthur.)

JOB, qui a saisi le fusil posé près de la porte d'entrée.

Laissez, madame la chatelaine... Quand on

* Madame de Luxeuil, Job, Arthur, mademoiselle de Francastel.

frappe des gens comme nous, ils ne demandent pas raison, eux; mais celui qui les a frappés, ils le tuent.

Mme DE LUXEUIL, effrayée.

Ah !...

Mlle DE FRANCASTEL, de même.

Comment !...

JOB, tranquillement.

Rendez donc le fouet à M. de Luxeuil, pour voir... Faut pas le contrarier...

ARTHUR.

Ce vaurien est ivre, ou il a fait une gageure.

JOB, déposant le fusil.

Une gageure!... précisément... J'ai gagé que la demoiselle serait heureuse; c'est-à-dire qu'elle aurait un mari qui l'épouserait pour elle-même, et non pour sa dot... un mari qu'elle accepterait sans y être forcée...

Mlle DE FRANCASTEL.

Son choix n'a-t-il pas été libre ?

JOB.

Non; car, en consentant, elle tremblait, elle était pâle; j'ai vu dans ses yeux des larmes qui avaient peur de couler... Mais je saurai ce qu'on a pu faire pour la décider... et, s'il faut qu'elle sache la vérité... s'il faut parler... eh bien... je parlerai...

ARTHUR.

Vous !...

Mme DE LUXEUIL.

Et que pouvez-vous lui dire ?

JOB, baissant la voix.

Je pourrais lui dire... que ceux qu'elle a regardés jusqu'à présent comme des parens, ne lui sont rien... ce qui ne peut pas manquer de lui faire plaisir... qu'ils n'ont aucun droit sur elle...

Mme DE LUXEUIL et ARTHUR.

Ah !...

Mme DE LUXEUIL, vivement.

D'où avez-vous appris ?...

JOB, vivement et avec surprise.

Vous le savez donc aussi ?

Mme DE LUXEUIL.

Et votre protégée ne l'ignore pas davantage.

JOB.

Quoi !... la demoiselle ?...

Mme DE LUXEUIL.

Connaît maintenant la honte de sa naissance!

JOB, tressaillant.

La honte !... Qui lui a parlé de honte ?...

Mme DE LUXEUIL.

Moi !... et je lui en ai montré la preuve... Une lettre écrite par sa mère, et trouvée chez M. de Rivaud.

JOB, avec un cri.

Ah !... voilà donc le secret de sa soumission... Vous vous êtes armée contre elle de cette lettre... vous avez menacé de vous en servir pour déshonorer une morte !... (Mouvement. — Avec un mé-

ACTE III, SCÈNE XII.

pris amer.) Oh! je vous reconnais là, madame la marquise, vous êtes bien la sœur de M. de Sannois...

Mme DE LUXEUIL.

Qu'est-ce à dire?

JOB.

Ce que vous voudriez faire de la fille, il l'avait fait de la mère, lui,... une victime et une esclave! Quand la guerre commença en Vendée, il la força de le suivre... de se mêler aux bandes d'insurgés... Heureusement que les balles ont quelquefois du bon sens... une des premières fut pour M. de Sannois...

ARTHUR.

Que dites-vous?

JOB.

On ne l'a jamais su, car sa mort fut alors cachée dans l'intérêt de la cause royaliste, et on crut qu'il était passé en Angleterre.

Mme DE LUXEUIL.

De sorte que sa veuve resta sans défense?

JOB.

Non... elle avait près d'elle... quelqu'un qui l'avait toujours aimée sans rien dire, et qui se fit son guide, son défenseur... Il la nourrissait de son pain... il la soutenait de son bras... il la couvrait de son manteau... et quand elle lui disait: Merci! il ne sentait plus ni le froid, ni la fatigue ni la faim...

ARTHUR.

Et Mme de Sannois finit par être touchée...

JOB.

Elle avait deviné l'amour de celui qui la protégeait, et elle en eut pitié: la misère les avait d'ailleurs rendus égaux; tous deux étaient proscrits... menacés de mort... rien ne s'opposait à leur mariage.

Mme DE LUXEUIL.

Un mariage?

JOB.

Qui fut célébré à Tiffauges.

Mme DE LUXEUIL.

C'est impossible!...

JOB, tirant un papier de son sein.

Voici l'acte!

Mme DE LUXEUIL.

Quoi... vous avez?...

JOB.

Signé par les témoins, MM. de Formont et de Rivaud...

ARTHUR.

M. de Rivaud, témoin... Mais alors, le mari... son nom?...

Mme DE LUXEUIL, qui lit.

Ciel! le garde-chasse Richard.

ARTHUR.

Et ce garde-chasse?...

JOB.

C'était moi.

TOUS.

Ah!...

JOB.

Moi... qui n'ai pas voulu imposer à la fille le sacrifice que la mère m'avait fait. Le second mariage de Mme de Sannois resta ignoré, l'époque de la mort du vicomte était inconnue, Honorine fut regardée comme sa fille...

Mme DE LUXEUIL.

Et vous l'avez laissé profiter d'une erreur...

JOB.

Qui ne faisait souffrir que moi!... Oui, madame la marquise, j'ai renoncé à être père pour donner à ma fille un nom connu, une position dans le monde... Depuis vingt ans, je me contente de la suivre en secret... de la voir de loin... de veiller à sa porte comme un chien fidèle... Je l'ai fait sans me plaindre... presque sans peine, en me disant que c'était pour la rendre heureuse! Mais, si mon sacrifice est inutile, si on veut contraindre ses inclinations, si on menace celui qu'elle aime, alors, moi, je reprends mes droits, et aujourd'hui même, madame la marquise, j'irai réclamer ma fille au milieu de vos invités.

ARTHUR.

Que dit-il?

Mme DE LUXEUIL.

Vous oseriez?...

ARTHUR, avec une ironie menaçante.

Ah! je conçois le plan de M. Richard: à force d'audace, il espère nous effrayer... mais il se trompe; je ne céderai point à M. de Restoul la main de Mlle de Sannois.

JOB.

Parce qu'il faudrait en même temps rendre les comptes de tutelle.

ARTHUR.

D'où savez-vous?...

JOB, vivement.

Mais s'il ne les exigeait pas... s'il consentait à dégager vos biens?...

Mme DE LUXEUIL.

Que dites-vous?

JOB.

Si, pour éviter tout éclat, moi-même je gardais le silence...

TOUS.

Ah!

JOB.

Oui... ce que j'ai fait jusqu'ici, je le continuerai... Quand ma fille sera là, je défendrai à ma voix de trembler, à mes yeux de s'attendrir... Je ne l'appellerai jamais par son nom; je ne serrerai jamais ses mains dans les miennes... et, s'il le faut... je mourrai sans l'avoir embrassée... Que voulez-vous de plus?... Parlez... j'accepterai tout, je souffrirai tout. Ce n'est plus pour moi que je vis, mais pour elle... Dites que vous consentez à ce que je demande?

ARTHUR.

C'est impossible!...

JOB, avec éclat.

Impossible!... Eh bien! c'est ce que nous verrons!

HONORINE, au dehors.

Où est-il?... où est-il?...

Mme DE LUXEUIL.

Honorine!

SCÈNE XIII.

Les mêmes, HONORINE, accourant par le fond.

HONORINE.

Job! Ah! le voilà!

Mme DE LUXEUIL, vivement.

Que voulez-vous ?

HONORINE.

Ah! madame, voyez... cette moitié d'anneau léguée par ma mère, il vient de me l'envoyer.

ARTHUR, à part.

Dieu!

HONORINE, à Job.

D'où la tenez-vous? qui vous l'a remise?

Mme DE LUXEUIL, l'interrompant.

Honorine, songez-vous bien...

HONORINE, impétueusement.

Ah! je veux tout savoir, madame. Parlez, Job; vous connaissez celui à qui cet anneau avait été remis par ma mère!... nommez-le moi!...

JOB.

Ainsi, quel qu'il fût... vous ne le repousseriez pas... vous l'accepteriez... même misérable ?...

HONORINE.

Misérable!... lui!... Ah! s'il était vrai... je ne le quitterais plus, je le consolerais; nous parlerons ensemble de ma mère... il m'apprendra à l'aimer encore davantage ; je serai sa compagne, son amie, sa fille...

JOB, se contenant à peine.

Sa fille!...

(Arthur, Mme de Luxeuil et Mlle de Francastel, qui écoutent avec un grand trouble, font un mouvement.)

Mme DE LUXEUIL, bas.

Il va se trahir...

(Elle parle vivement, mais tout bas, à Arthur.)

HONORINE.

Mais, parlez, Job... Au nom de tout ce que vous avez aimé, dites-moi si je ne suis point complètement orpheline... Job, mon ami... le nom de mon père... je vous le demande à genoux !

JOB, éperdu.

Eh bien... Honorine... ma...

Mme DE LUXEUIL, qui s'est avancée vers lui, bas.**

Nous consentons à tout... (Job s'arrête égaré.)

HONORINE.

Eh bien... vous étiez près de parler, Job... ce protecteur?

JOB.

Ce protecteur... faut plus que la demoiselle y compte... elle ne doit plus l'attendre... il est mort...

* Job, Honorine, madame de Luxeuil, Arthur, mademoiselle de Francastel.
** Madame de Luxeuil, Job, Honorine, Arthur, mademoiselle de Francastel.

TOUS, excepté Honorine.

Ah! Mort!

HONORINE.

JOB.

Mais la demoiselle en a retrouvé un autre qu'elle connaît, qu'elle aime... (Apercevant Georges à la porte du fond.) un protecteur qui ne la quittera plus.

HONORINE.

Et qui donc?

JOB, montrant Georges.

M. de Restoul!

SCÈNE XIV.

Les mêmes, GEORGES.*

GEORGES, s'approchant vivement.

Moi ?...

HONORINE.

Que dit-il?...

GEORGES.

Ai-je bien entendu? Un tel changement serait-il possible?

JOB.

Oui, monsieur le comte, M. de Luxeuil a compris qu'il ne devait point s'opposer plus long-temps à une préférence, et vous ne devez plus voir en lui un adversaire. (Job remonte vers le fond.)

GEORGES, saisissant la main d'Honorine.

Ah! tant de bonheur... J'ose à peine y croire. Toutes mes espérances réalisées... Et c'est à Job que je le dois... Ah! je veux qu'il partage notre joie... Dites ce que vous désirez Job, et quelle que soit votre demande, je jure de l'accorder.

HONORINE.

Oh! oui... parlez, mon ami?

JOB.

Eh bien!... alors... puisque M. le comte me laisse le choix... Comme je commence à devenir vieux... je demanderai à M. le comte de me donner une petite place près de lui... n'importe laquelle. Je le servirai fidèlement, je ferai tout ce qu'il ordonnera... Seulement, je lui demande de le suivre partout lui et la demoiselle... pour voir leur bonheur... ça sera mes gages...

HONORINE.

Ah! Job... vous prévenez mes désirs...

GEORGES, lui tendant la main.

Oui, mon vieil ami, nous ne nous quitterons plus.

JOB, saisissant la main de Georges, et la baisant avec effusion.

Ah! merci, monsieur le comte... (A part.) Du moins, je pourrai la voir!...

* Job, Honorine, Georges, madame de Luxeuil, Arthur.
** Mademoiselle de Francastel, Honorine, Job, Georges, madame de Luxeuil, Arthur.

FIN.

PARIS. — IMPRIMERIE BOULÉ, RUE COQ-HÉRON, 3.

www.ingramcontent.com/pod-product-compliance
Lightning Source LLC
Chambersburg PA
CBHW060513050426
42451CB00009B/956